이 책은 '인생 2막'을 위해 애쓰고 있는 우리 모두에게 주는 엄청난 선물이다. 제임스 홀리스처럼 방대한 지혜와 따뜻한 시선으로 새로운 인생을 위한 도전에 대해 써내려간 작가는 없다. 진부한 이야기들이나 거짓 위안이 아닌, 지속가능함과 유머, 인생 여정을 탐험하기 위한 도구들로 가득하다.

올리버 버크먼(저널리스트, 《합리적 행복》 저자)

저자의 충만한 삶을 통해 축적된 이론들이 이 책에 아름답게 수놓아져 있고, 그 모두가 고스란히 우리에게 전해진다. 이 책은 보석과도 같은 선물이다.

마틴 로이드 엘리엇(심리학자)

인생에서 반드시 마주하게 되는 당혹스러운 문제들에 대한 평생의 지혜가 담긴 유용한 지침을 이 책에서 발견할 수 있을 것이다.

라이오넬 코벳(퍼시피카대학원 심층심리학 교수)

현명하고, 깊이 있으며, 보석처럼 귀중한 이야기들로 가득하다.

인간 내면을 전부 훑어본 것처럼 느껴진다. 우리가 지닌 모든 빛과

그림자에도 '불구하고'가 아니라 그 빛과 그림자 '덕분에' 우리가 온전한

인간으로 사는 것이 가능하다는 사실을 이 책을 통해 알 수 있다.

얀 바우어(정신분석가)

제임스 홀리스는 온전한 삶을 사는 데 방해가 되는 복잡성과

복잡함에 대해 가장 잘 설명하는 명쾌한 사상가다. 이 책은 환상을

없애고 삶을 의미 있게 만드는 것들에 대한

문학, 철학, 융 심리학 분야의 폭넓은 배경지식이 녹아 있다.

그는 우리 시대 최고의 스승이자 치유자다.

스티븐 던(퓰리처상 수상 시인)

나는 이제
나와
이별하기로 했다

나는 이제 나와 이별하기로 했다

융 심리학에서 발견한 오래된 나로부터의 자유

초판 발행 2020년 10월 30일
2쇄 발행 2021년 3월 15일
지은이 제임스 홀리스 **옮긴이** 이정란 **펴낸이** 이성용 **책임편집** 박의성 **책디자인** 책돼지
펴낸곳 빈티지하우스 **주소** 서울시 마포구 양화로11길 46 504호(서교동, 남성빌딩)
전화 02-355-2696 **팩스** 02-6442-2696 **이메일** vintagehouse_book@naver.com
등록 제 2017-000161호 (2017년 6월 15일) **ISBN** 979-11-89249-41-0 03180

living an examined life

나는 이제
나와
이별하기로 했다

융 심리학에서 발견한
오래된 나로부터의 자유

제임스 홀리스 지음 이정란 옮김

빈티지하우스
VINTAGE HOUSE

들어가며 ————————

이 책은 내가 수십 년간 학생들과 내담자들, 환자들 그리고 나 자신에 대해 연구한 내용을 모두 담고 있다. 독자들이 자신의 삶을 살아가는 데 큰 도움을 얻도록 하고 보다 큰 목적의식을 품으며 궁극적으로 자신이 누구인지 알아갈 수 있도록 이 책을 썼다.

이 모두가 간단한 이야기처럼 들릴지 모르겠지만 사실 매우 어려운 일이다.

지난 30년 동안 4대륙을 넘나들며 강연과 워크숍을 진행할 기회가 내게 주어졌고, 전 세계 이곳저곳 100만 마일이 훨씬 넘는 거리를 비행기로 이동했다. 그 경험들을 통해 사람들을 감동시키는 것이 무엇이고 에너지를 북돋게 하는 것은 무엇인지, 그리고 원래 알고 있었지만 잊고 지내던 사실을 기억나도록 하는 것은 무엇이며 우리가 진정한 삶의 여정으로 되돌아가는 데 문제가 되는 것이 무엇인지 확인해볼 수 있었다.

이 책에서는 이처럼 복잡한 문제들을 한눈에 알아보기 쉽게 몇 가지로 정리했다. 때로는 기억하기 위해, 때로는 자극을 받기 위해 우리에게는 일련의 목록이 필요하다. 이 책이 바로 중요한 기억을 상기시켜주면서 우리에게 자극을 주는 역할을 할 것이다.

이 책이 여러분에게 요구하는 바는 사실 쉽지 않다. 나는 독자 여러분이 자신의 삶을 제대로 바라보고 자신의 삶을 책임지는 일에 대해 진지하게 생각해볼 것을 권한다. 우리는 인생이라는 연속극에서 유일하게 계속 등장하는 주인공이다. 그렇기 때문에 그 드라마의 내용은 분명 상당 부분 우리 자신에게 책임이 있다.

이 책에는 우리의 인생에 꼭 필요한 스물한 가지 리스트가 담겨 있다. 이 리스트를 하루에 하나씩 읽는다면 여러분의 인생이 바뀌고 보다 즐거운 인생이 될 것이다. 그리고 마침내 여러분의 인생 여정을 회복할 수 있을 것이다.

추측하건대, 여러분들이 별 생각 없이 혹은 단순한 재미를 위해 이 책을 고른 것은 아닐 것이다. 아마도 지속적으로 극심한 고통을 겪어왔거나 해결되지 않은 인생의 문제점이 있었기 때문에 이 책을 집어 들었을 것이다.

여러분은 더 나은 삶을 살기 위해 고통이 멈추고 상황이 빠르게 개선되기를 바랄 것이다. 누군가가 여러분에게 이 문제들은 평생 안고 가야 하는 것들이라는 진실, 즉 새로운 곳에 갈 때나 새로운 사람들과 관계를 맺을 때, 인생에서 새로운 국면을 맞을 때 언제나 이 문제들을 다시 마주하게 될 것이라 이야기해줬다고 해도, 여러분은 당장 그 상황에서 벗어나기를 간절히 원할 것이다.

하지만 진실은 어떻게 해도 바뀌지 않는다. 융이 지적했듯, 우리는 결코 이 문제들을 해결할 수 없다. 오히려 문제들은 점점 더 늘어나기만 한다.

이 책은 해결책이 아니라 삶의 태도와 행동, 원칙에 대해 이야기한다. 이는 계속해서 우리 삶을 혼란스럽게 만드는 문제들을 '성장'의 발판으로 바꾸기 위한 것이다. 성장은 자기반성, 즉 지금껏 변화에 저항해왔던 과거의 나로부터 서서히 탈피해나가는 과정이다.

서두를 필요 없다. 하루 한 챕터씩 이 책을 읽는다면 진정한 나를 찾는 21일의 여정 끝에서 우리는 우리 영혼 깊숙한 곳에 도착할 수 있을 것이다. (물론 융 심리학의 난해한 이론들을 받아들이기도 한결 수월해질 것이다.)

이 책을 통해 각자의 내면 깊은 곳에 존재하는 자신에 대한 경외심을 발견할 수 있기를 희망한다. 우리가 각자의 경외심을 발견해낸다 해도 살면서 겪게 되는 실망감과 고통을 피할 수는 없을 것이다. 하지만 우리는 진정한 삶이라는 여정이 주는 깊이와 위엄에 대해 알게 될 것이다. 이 행성에서 잠시 머무르다 가는 이들이지만 우리는 진정한 삶의 주인으로서 행동할 수 있을 것이다. 우리의 삶은 보다 즐거워질 것이며 과거 그 어느 때보다 생의 깊은 곳으로 우리는 안내받게 될 것이다. 그렇게 할 때, 우리는 영혼을 향한 여정에 동참한 것이라 할 수 있다.

덴마크의 신학자이자 철학자 키에르케고르가 언급한 바와 같이, 선원들은 안전한 항구에서 항해 명령을 받고 군함은 험난한 바다에서 지시를 공개한다. 여러분이 인식하고 있든 아니든, 이미 여러분은 오랜 시간 영혼의 험난한 바다를 표류했다. 이제는 우리에게 내려진 지시가 무엇이었는지 확인해볼 시간이다. 새로운 항로를 설정하고 바람의 방향에 맞춰 항해를 계속해나가야 한다.

이렇게 이동해나가는 동안 우리의 목적지는 바로 눈앞에 펼쳐질 것이다.

워싱턴 DC에서,

제임스 홀리스

목차

1장

선택은
누구의 몫인가

1장

선택은
누구의 몫인가

우리는 안락한 어머니의 자궁에서 물질과 중력, 죽음이 지배하는 삶으로 내던져졌다.

우리 안에 타오르던 불꽃은 우리가 성장하면서 점점 사그러져간다. 시공을 초월해 삶에 남겨진 것은 수수께끼뿐이다.

'나는 누구인가?'

'내가 이곳에 온 목적은 무엇인가?'

이 역시 우리에게 남은 오랜 수수께끼다. 내가 누구이고 어떤 존재인지, 해야 할 일과 하지 않아야 할 일은 무엇인지 말해주는 사람은 이 세상에 수없이 많지만, 그들조차 불안과 두려움 속에서 믿음을 지키기 위해 여전히 불안한 여정을 걷고 있다.

당신은 우리가 삶이라 부르는 이 짧은 여정에 잠시 머무는 사람일 수도 있고, 역사로 기억되는 인물일수도 있다. 목소리만 큰 편파적인 인간일지도 모른다. 이러한 평가는 전적으로 당신이 쌓아온 것이다. 삶이라는 여정을 주의 깊고 책임감 있게 이끌어가는 것보다 어려운 일은 없고, 이 여정을 살아내는 것보다 더 큰 존엄성을 가져다주는 일도 없다.

우리는 영겁의 시간이 무심히 흐르는 짙은 수수께끼의 바다를 유영하며 사물의 이치와 존재에 대한 이해를 갈망한다. 우리가 이 여정을 이해하기까지는 오랜 시간이 필요하다.

한 가지는 확실해 보인다.

'선택은 자신의 몫이다.'

그런데, 과연 그럴까?

우리는 적응하면서 생존해왔다. 우리는 원가족family of origin과 대중문화, 세계사적 사건, 종교의 가르침 등과 같은 훈련을 통해 세상을 배우고, 우리가 어떤 사람인지, 타인과의 교류에서 어떤 행동이 허용되고 어떤 행동이 허용되지 않는지, 타인으로부터 인정받기 위해서는 어떻게 해야 하는지, 어떻게 해야 우리가 내던져진 이 세상에서 번영을 누리며 살아갈 수 있을지 배운다.

역사적으로 모든 문화권에서는 자신들의 가치와 관습이 신이나 신성불가침의 성전, 제도로부터 유래한다고 주장한다. 그들은 마치 신으로부터 권력을 부여받은 것처럼 자신의 가치와 제도를 위반하는 모든 행동에 제제를 가한다. 특히 가상현실과 게임에 익숙한 아이들은 이러한 지시적이고 사회순응적인 이미지에 민감하게 반응한다. 우리는 너무 쉽게 주어진 환경과 소속의 노예가 되고 타인의 허락을 갈구하며 위험을 회피한다.

내가 아이이던 1940년대에는 젠더^gender, 사회경제적 계급, 인종과 윤리, 종교적 정체성에 대한 사회적 정의가 명확히 존재했고, 그에 따라 용인되는 선택지들 또한 정해져 있었다. 정해진 규범과 어긋나는 행동에는 상당한 제재가 내려졌다.

당시 사회에서 상식처럼 받아들여진 질문은 "사람들은 어떻게 생각하는가?"였다. 동양에는 "모난 돌이 정 맞는다"라는 속담이 있을 정도다. 이러한 현실에서 가족이나 주변의 편견으로부터 자유로울 수 있는 아이들이 있을까? 타인의 낯선 가치를 두려워하며 매사 정해진 대로 행동해야만 했다.

1950년대 이후 신이 창조했다고 믿어왔던 모든 범주가 해체되었다. 예를 들어, 섹스^{sex}가 생물학적으로 부여된 것이라면 최근 받아들여지고 있는 젠더는 사회적 해석에 가깝다. 다른 많은 허구와 마찬가지로 남성과 여성에 대한 제한적 정의가 얼마나 깨지기 쉬운 것인지 이로써 입증되었다.

오늘날 우리는 누구에게나 선택의 폭이 무한하다는 사실을 알고 있다. 우리는 인종적으로 다양하게 뒤섞여 있지만 유전적으로 중앙아프리카 출신의 하나의 조상을 두고 있다는 사실 또한 알고 있다. 우리는 종교가 부족 사회의 보존과 확장을 위해 제도화한 신화적 구조라는 사실도 알고 있다. 한 종족의 존재론적 주장, 즉 종교는 다른 종족에게 신화 그 이상도 이하도 아니다. 더 나아가 우리는 사회적 관행이나 윤리적 처방은 주관적 가치 판단이며, 우리가 속한 부족 밖에서는 유효하지 않다는 사실도 잘 알고 있다.

만약 과거의 누군가가 이와 같은 생각을 가졌다면, 그는 분명 위험에 처했을 것이다. 물론 일부 세상에서는 여전히 이러한 생각은 위험한 것으로 받아들여진다. (내가 이 문장을 쓰던 날 밤, 중동의 일부 근본주의자들이 유물 보존을 위해 애쓰고 있던 한 고고학자를 살해했다. 그가 무슨 잘못을 했던 것일까? 그는 근본주의의 범위 밖에 존재하는 문화역사에 대한 주장 외에는 아무것도 하지 않았다. 상상력이 가로막힌 근본주의자에게 '타자'는 늘 위협이 되는 존재다.)

한 아이디어가 대안으로 떠오르면 우리는 심리적으로 그 아이디어에 대항하려고 한다. 그 아이디어로 인해 우리의 자아가 불안정한 상태에 빠지기 때문이다. 또한 자아는 명료함과 권위를 선호하기 때문에 어떤 일이 있어도 아이디어를 통제하려고 한다.

누구나 선택을 할 수 있다는 말을 의심해야 한다. 우리가 사회적 자격을 취득한 데 기뻐하고 기이한 행동에 열중하며 변화하는 사회구조를 받아들이는 동안 행동주의자들과 신경학자들, 유전학자들은 자유의 창을 좁혀가고 있다. 교육자로 평생을 연구에 바쳤고 세계 곳곳을 여행하며 성찰의 시간을 보냈지만 나이가 들수록 내가 가진 창이 점점 더 좁아지고 있음을 절감한다.

무의식의 힘은 과소평가될 수 없다. 우리의 자아의식^{ego consciousness},

즉 우리가 생각하는 우리 자신이 누구인지, 혹은 우리가 진실이라 믿는 것이 무엇인지는 기껏해야 무지갯빛 바다 위에 떠 있는 작은 과자 조각에 불과한 것인지도 모른다.

그게 어떤 순간이든, 우리는 왜곡된 렌즈를 통해 세상을 바라본다. 렌즈의 프레임 밖은 우리 시야에 들어오지 않기 때문에 우리는 오로지 렌즈를 통해 본 것을 근거로 선택하게 된다.

우리가 의식적으로 선택하려 할수록 무의식이 우리의 일상적 선택에 미치는 영향을 인지하게 된다. 인생의 중대한 시기에 우리는 왜 하필 그런 선택을 한 걸까? 그때 왜 하필 그 사람과 관계를 맺게 되었을까? 왜 우리는 원가족 형태를 되풀이하는 걸까? 이러한 질문을 스스로에게 하는 것 자체가 쉽지 않다. 하지만 우리가 스스로에게 이렇게 묻지 않는다면 안락함만을 추구하는 내면의 힘에 의해 인생이 좌우되고 만다.

이처럼 자아가 가진 권한에 대한 환상과 대립할 때 우리는 겁을 먹는다. 하지만 이러한 대립은 우리에게 깨달음을 안기기도 한다. 칼 융의 연구는 이런 점에서 매우 중요하다. 그게 무엇이든, 우리가 내면으로부터 부인한 것은 마치 운명처럼 외부 세계로부터 우리에게 다가올 확률이 높다. (이러한 생각만으로 계속해서 나는 지금 하는 일에 열중하게 된다.)

우리의 문화적 가치나 종교적 전통, 공동체의 관행이 잘못되었다고 말하려는 것이 아니다. 이는 내가 판단할 수 있는 문제가 아니다. 가치의 상당 부분은 우리를 공동체와 연결하고 우리가 매일 시달리는 선택의 홍수 속에서 소속감과 지침을 전한다.

내가 강조하고 싶은 것은 이러한 기대나 훈육, 금지에 대한 역사적 힘이 의식적으로 신중하게 고려되어야 하며, 실제 우리 삶의 경험과 내면의 설득을 통해 검증되어야 한다는 점이다. 역사나 전통이 가진 힘이 아무리 강력해도 우리 삶 자체가 역사나 전통에 지배되어야 하는 것은 아니다. 우리는 분별하는 과정을 반드시 선행해야 한다.

우리는 다음과 같은 질문을 스스로에게 던져야 한다. 이것이 내 지난 경험과 일치하거나 부합하는 행동인가? 그렇지 않다면 타인의 의도나 권리와 상관없이 나에게는 옳은 행동이 아니다. 이러한 가치와 관행, 기대가 인생의 심연으로 나를 안내하는가? 새로운 관계의 가능성을 열고 내 영혼의 가장 깊은 곳으로부터 우러나오는 감정과 일치하는가? 만약 그렇지 않다면 가치와 관행, 기대가 아무리 매력적일지라도 나에게는 독이 될 뿐이다.

가치와 관행, 기대가 인생이라는 여정의 신비를 풀어주는가? 융은 한 편지에서 '인생은 두 개의 거대한 신비 사이에서의 짧은 멈춤'이라고 말했다. 우리는 답을 내놓는 사람이 누구인지 항상 인지하고 있어야 한다. 그들은 진실한 사람일지도 모른다. 하지만 그들의 답이 반드시 당신이 구하고 있던 것과 일치하는 것은 아니다. 우리가 맹목적으로 환경에 순응한다면, 무의식적으로 영혼의 온전함을 파괴하는 것일지도 모른다.

앞서 단정적으로 말했던 "선택은 나의 몫이다"라는 말은 더 이상 당연하지 않다. 특정한 순간에 처했을 때, 의지를 드러낸 수많은 목소리가 우리 내면으로부터 들려온다. 그 불협화음 속에서 과연 어떤 목소리가 진짜 나의 목소리인지 어떻게 알 수 있을까? 어떤 목소리가 영혼의 심연에서 나온 목소리인지 어떻게 알 수 있을까? 콤플렉스나 문화 형식으로부터 비롯된 목소리는 아닐까? 그 차이는 어떻게 구별할 수 있을까?

이처럼 다양하게 뒤섞인 메시지들은 그 양 또한 대단히 많다. 그렇다면 이러한 상황에서 우리는 어떻게 선택을 하는 걸까? 그럼에도 우리는 매 순간 선택을 내리고 있으며, 선택을 하지 않는 것 또한 결과에 대한 선택이다. 영혼의 불꽃은 우리의 육체가 책임을 떠맡고 이치에 맞는 삶을 선택하기를, 그리고 그것이 삶에 대한 봉사임을 깨닫기를 기다리고 있다.

우리의 몫으로 남겨진 선택을 스스로 연습하지 않으면 다른 누군가가 대신할 것이다. 우리가 계속해서 콤플렉스에 인격을 지배당한다면 오랜 목소리와 문화적 소음에 의지하는 선택을 내릴 수밖에 없다.

우리의 삶은 두 번 시작된다. 우리가 태어난 날. 그리고 삶에 대한 근본적인 사실을 우리가 받아들이는 날. 분명 한계가 존재하지만, 그럼에도 불구하고 선택의 주체는 자신이라는 삶의 근본적인 사실을 받아들여야 한다. 삶의 근본적인 사실에 마음을 열고 책임을 다하는 순간, 우리는 비로소 선택의 힘을 믿을 수 있게 된다.

원자atoms의 이합집산이 임의로 이뤄지는 것처럼, 어쩌면 세상 자체도 무의미한 것일지도 모른다. 어떤 경우 독단적이면서도 해석할 수 없는 사고체계와 절대적인 힘을 지닌 초월적인 존재가 지배하는 것이라고 생각하는 편이 나을 수도 있다.

인간은 의미의 분절로 인해 고통을 받는 동물이다. 인간은 감정적인 반응이나 격동과 걱정, 초월을 넘나드는 꿈과 징후, 갑작스러운 충격 혹은 통찰, 인정, 후회와 같은 일련의 복잡한 상호작용을 생성한다. 이를 통해 우리는 피할 수 없는 미래로 발 내딛고 새로운 관계를 구축하게 된다.

이 모든 복잡성 어딘가에 선택의 가능성이라는 환상이 자리하고 있다. 우리가 진정으로 자유로운 존재인지에 대한 논쟁은 원시 인류의 상상 속으로까지 거슬러 올라간다. 하지만 장 폴 사르트르가 주장했듯, 우리는 자유로운 것처럼 행동해야 하며, '끔찍한' 선택의 부담뿐 아니라 책임 또한 동시에 져야만 한다. 실제로 자유롭든 그렇지 않든, 우리에게는 자유로운 것처럼 행동해야 할 의무가 있다. 사회제도와 철학, 도덕성, 법적 지침 또한 우리에게 책임을 기대한다.

몇 년 전, 보수적인 종교의 가르침을 받으며 자란 한 사려 깊은 여성이 내게 물었다. "만약 예수님이 신이 아니고 하나님의 아들도 아니라면 어쩌죠?" 그 질문은 그녀를 늦은 밤까지 잠 못 이루게 만들었다. 나는 정중하게 대답했다. "달라질 게 있나요?"

물론 나는 그 차이가 그녀에게는 상당히 큰 의미가 있다는 것을 잘 알고 있었지만, 계속해서 말을 이었다. "당신의 삶은 여전히 당신에게 그 책임이 있습니다. 당신은 오늘도 내일도 선택을 해나갈 테고, 당신의 삶에 어떠한 가치나 선택이 귀중한지 결정해야 하는 사람은 여전히 당신입니다."

우리의 선택을 방해하는 것은 두 가지다. 첫째, 우리는 어렸을 때부터 자신을 드러내면 대체로 부정적인 반응을 이끌어낸다고 배웠다. 그렇기 때문에 우리는 각자의 욕망을 억제하거나 숨겨가면서까지 세상과 조우하는 안전한 방법을 배워야 했다.

또한 거인 세상에 온 소인마냥 우리는 세상이 무엇인지 분명하게 이해하고 통제하는 사람들에게 지배되고 있다고 추론한다. 우리 자신에게 보호 적응protective adaptation을 거부한 정신psyches이 존재한다는 것을 알게 된다면 얼마나 당황스러울까. 내 안에 무슨 일이 일어나고 있는지 알아낸 사람이 거의 없다는 사실을 알게 된다면 얼마나 허무할까. 우리의 예측과 기대는 시간이 지나면서 사라지고, 혼란과 실망, 냉소, 때때로 믿을만한 권위자를 찾는 분주한 탐색으로 대체된다.

선택은 자신의 몫이라는 말은 단순하면서도 실천하기 매우 어려운 일이다. 훈계와 금지, 의무와 적응 등으로 복잡하게 얽혀 있는 문제를 분류하는 일은 쉽지도 않고 흔한 일도 아니다. 그럼에도 우리에게는 자기 자신과 그리고 자신의 영혼과 해야만 하는 약속이 있다. 우리가 그 약속을 지키는 일과 그 거대한 약속에 한 발짝 들여놓는 일은 사실 별개의 문제다.

릴케는 '고대 아폴로의 토르소archaic torso of apollo'라는 수수께끼 같은 시에서 이 딜레마를 묘사했다. 시의 화자는 산산이 부서진 아폴로

조각상을 바라보고 있다. 그는 자신 역시 주시당하고 있다는 불안한 느낌을 받을 때까지 조각상의 균열을 주시한다. 그릇된 결론에 이르러서야 그는 관찰을 끝낸다. "너는 반드시 네 삶을 바꿔야만 한다."

내가 이해한 릴케의 시는 이렇다. 화자, 즉 관찰자는 위대하고 영원하며 상상할 수 없을 정도로 대담한 작품을 눈앞에서 보게 된 후 사소한 성취에는 만족할 수 없게 되었다. 우리가 각자의 삶을 두려움과 사소함, 반복적인 것으로 재구성했다면 우리는 스스로를 무감각하게 만든 것이고 삶에 집중하지 못하게 한 것이다. 그러다 불현듯 무언가를 바꿔야 한다는 깨달음에 도달했다. 릴케가 묘사한 것처럼 이때가 바로 신비의 순간이자 절망의 순간이고 마침내 우리 앞에 나타난 세상이 우리를 드러내 보이라고 강요하는 순간이다.

우리를 드러내기 위해서는 반드시 선택을 해야만 한다. 우는 소리는 그쳐야 한다. 그 순간, 내면에서 변화가 시작되고 비로소 우리는 그 어느 때보다 생명력 넘치는 시간으로 삶이 가득해지는 순간을 경험한다. 우리는 두려움과 관습, 순응에만 얽매여 있을 수 없다는 것을 깨닫는다. 지금까지 언제나 그러했듯이, 우리는 선택할 수 있다는 사실을 깨닫는다. 우리는 '네' 또는 '아니요'로 선택을 내린다. 이제 그 문제에 대한 선택의 여지가 없다는 말은 할 수 없다.

운명과 타인의 끔찍한 힘이 우리 삶에 영향을 미치고 있음에도 불구하고 인생이라는 드라마에서 우리는 주인공이 아니며, 의식적이든 아니든 우리가 매일 선택을 하고 있다고 어느 누가 말할 수 있을까? 삶의 마지막 순간에 우리 자신이 이 여정의 결과에 실질적인 역할을 해오지 않았다고 말할 수 있는 사람이 있을까? 우리 삶은 저 먼 미래에서 쓰여진 소설이 펼쳐지는 것이고 그 의미는 오직 소설의 마지막 페이지 또는 미지의 사후세계에서나 드러난다고 계속해서 주장할 수 있을까? 우리가 마지막 페이지에서 만나는 것은 결국 죽음 아닌가? 우리는 나 자신과 상호작용하며 이 소설의 페이지를 한 장씩 써내려 가고 있는 것은 아닐까? 결국 나의 선택이 나 자신의 것이 아니라는 사실을 우리는 인정하지 않는 것일까?

우리의 삶은 스스로가 자신의 모습을 통해 표현하고 싶은 바가 무엇인지 드러내 보일 것을 애타게 기다리고 있는 것은 아닐까?

2장

성장한다는 것은
무엇을 의미하는가

2장

성장한다는 것은
무엇을 의미하는가

성장한다는 것은 무엇을 의미하는가?

사춘기를 지나고 몸집이 커지고 인생의 커다란 문제에 한 발짝 다가선 순간 우리는 어른이 된 것 아니었던가. "제가 바로 그 일의 적임자입니다. 저를 고용해주세요." "내 평생을 당신에게 걸겠어요. 저와 결혼해주세요." "제가 그 일을 책임질 수 있습니다. 저를 믿어주세요." 부모로부터 독립해 세상을 향해 이렇게 말했을 때 어른이 된 것 아니었던가. 수년 동안 부모의 역할을 하고 관계를 맺으며 재산을 관리하고 사회적 책임까지 져왔음에도 아직 어른이 된 것이 아니란 말인가?

대체로 현명하고 책임감 있으며 많은 업적을 이룬 사람들에게 "우리는 어떤 부분에서 더 성장해야 할까요?"라고 질문했을 때 왜 누구도 질문에 대한 자세한 설명을 요구하지 않았던 걸까? 어떻게 그것이 적절한 질문이었는지 누구도 되묻지 않은 채 곧바로 답을 써내려갈 수 있었던 걸까? 이미 성숙한 사람으로서의 역할을 수행하고 있으면서도 왜 우리 마음속 깊은 곳에서는 여전히 성장해야 한다고 생각하는 걸까?

전통적인 사회에서는 성장이 곧 생존이었다. 우리가 간신히 매달려 있는 이 혼란스러운 행성의 모든 것들은 우리에게 적대적이었다. 자연의 맹렬한 공격과 온갖 가혹한 상황으로부터 생존해야 했다.

부족들은 아이들에게조차 빈둥거릴 여유를 주지 못했다. 공식적인 지침을 전해줄 중앙조직도 없는 상태에서 각각의 문명은 아이들의 천진함과 의존성을 성인의 섬세한 감정으로 바꾸는, 즉 공공의 이익을 위해 안락과 나태를 희생하는 '통과의례'를 진화시켜왔다.

마침내 사회적 상황과 구조는 진화했고, 기술 또한 발전했다. 하지만 인간의 정신과 정신역학psychodynamics은 고대와 여전히 동일하다는 사실이 현재의 삶을 통해 명백하게 드러나고 있다. 역사에 기록된 대부분의 시간 동안 우리 모두는 성장의 부름에 응해야 했다.

선조들이 달랐던 것은, 그들이 예리한 관찰자였다는 점이다. 그들은 안락함과 의존성을 희생하라는 요구에 유인이 부족하다는 사실을 알고 있었다. 그래서 자신들에게 조언해줄 중앙조직이 부재한 상태에서도 통과의례라는 유용한 방식을 독립적으로 고안해낸 것이다.

통과의례는 전환점을 제공한다. 사라져가는 것들을 생산적인 것들로 바꾼다. 이는 심리치료psychotherapy가 추구하는 바와 동일하다. 어른이라는 불안전한 지위를 획득하기 위해 기꺼이 자발적으로 안전한 집을 떠나는 사람은 거의 없지만 당사자들에게는 어떠한 동의도 구하지 않는다. 청년들은 때때로 강제적으로 안락함을 박탈당했다.

형태나 정도, 기간, 문화적 기반에 따라 조금씩 다르지만 통과의례는 기본적으로 6단계의 동일한 양상을 띤다. 1단계는 가정에서부터 시작되는데, 정중한 초대나 요청도 없이 갑작스럽게 찾아온다. 2단계는 매장(埋葬)과 침례(浸禮), 그리고 누군가의 존재가 잊히기까지에 이르는 죽음의 의식이다. 3단계는 새로운 존재와 차별화된 심리학의 대두로 인한 부활 의식이다.

4단계는 청년들에게 주어지는 교육이다. 이러한 교육은 창조와 신, 부족의 역사 세 개의 범주에서 원형적 서사의 형태로 이루어지며, 이를 통해 각각의 문화 내에서 성인으로서의 일반적인 역할과 수렵, 양육, 농사에 필요한 각 부족만의 특별한 도구를 사용하는 방법을 배운다. 5단계에서는 두려움에 대처하고 그것을 내재하는 능력을 찾는 데, 이 과정은 고립과 같은 일종의 시련을 포함한다. 마지막 6단계에서는 독립된 성인으로 사회에 복귀한다.

청년들은 오직 이러한 방식을 통해서 어린 시절의 순진함과 의존성, 자만으로부터 벗어날 수 있었고, 성인으로서 기대되는 바에 맞춰 변화할 수 있었다.

지금의 문화를 잘 들여다보면 이와 같은 통과의례가 사라지고 있는 것을 확인할 수 있다. 이제 우리는 개인의 강인함이나 생존을 위한 도구 대신 컴퓨터를 다루는 기술을 가르친다. 우리는 보호 문화의 품 안에 아이들을 가뒀고, 결과적으로 진취적이고 개별적이며 독립적인 성인의 감각을 지닌 개인을 더 이상 찾아볼 수 없게 되었다.

성인의 감각은 나이가 든다고, 인생에서 중요한 역할을 수행한다고 해서 가질 수 있는 것이 아니다. 애정에 굶주린 불평 가득하고 의존적인 심리를 가진 존재를 심리정신적psychospiritual으로 독립된 존재로 바꾼 것은 무엇일까? 오랜 시간 불확실성을 안고 사는 법을 배우고 삶의 본질을 찾아내고자 하는 대신 순간의 만족을 위해 억지를 부리고 책임을 회피하고 대립하는 상황에서 오는 긴장감을 견디지 못한 다는 말보다 지금 우리 문화를 특정하는 더 나은 설명이 있을까?

인생을 살면서 우리가 짊어지는 두 가지 위협이 있다면, 그것은 바로 두려움과 무기력이다. 우리는 매일 아침 일어나 눈에 보이지 않는 이 작은 악당 둘을 마주한다. 두려움이라는 이름의 악당은 이렇게 속삭인다. "너에게 이 세상은 너무나 거대한 곳이야. 너는 이 세상을 감당할 수 없을걸. 그러니 오늘도 슬며시 도망갈 방법을 찾아보자고." 무기력이라는 이름의 또 다른 악당은 "이봐, 이제 긴장 좀 풀어. 오늘도 힘들었지? TV를 켜고 달콤한 초콜릿을 입에 물고 인터넷이나 좀 하면서 쉬자. 또 다른 하루가 내일 다시 시작되잖아"라고 유혹한다.

이 고약한 쌍둥이는 날마다 우리의 영혼을 갉아먹는다. 우리가 오늘 어떤 일을 하며 지냈든 관계없이 이들은 내일 또 우리 앞에 나타날 것이다. 시간이 흐를수록 이 악당들은 우리가 삶에서 얻는 것보다 더 많은 것들을 빼앗아간다. 두려움을 억제해야 하는 날에도 이 악당들은 그것을 무작정 받아들이거나 회피하도록 만들어 우리의 에너지를 더 많이 소비시킨다. 두려움을 관리하는 데 에너지를 쓰는 것은 어쩔 수 없다. 문제는 이러한 일들이 계속되면 우리가 소모하는 에너지의 양이 너무 많아진다는 것이다.

반면 무기력은 여러 형태로 우리를 유혹한다. 우리는 맡은 일을 회피하거나 어려운 일은 하지 않으려 하고, 삶을 마비시키기 위해 자기최면과 같은 수천 가지의 고통 완화 요법을 찾아낸다. 그중 최악은 중요한 세부사항들을 모호하게 처리하고 반대 의견을 교묘하게 묵살하며 복잡한 문제를 모면하기 위해 잔머리를 쓰는 것이다. 임시방편을 동원해 우리의 정신적 고통을 진정시키는 것이다.

문제는 우리의 문화가 이를 부채질한다는 사실이다. 지금의 문화는 24시간 내내 우리의 몰입을 방해한다. 시끄러운 소리로 불안을 잠재우고, 우리 영혼의 애처로운 외침을 묻어버린다. 권력조직은 우리가 직면한 문제를 일시적으로 완화시키는 간단한 해결책만 가르치려 든다. 마비된 우리는 우리 인생에서 마음을 울리는 영혼의 부름에 응답할 수 없게 된다.

나는 관계의 정신역학을 다룬 《에덴 프로젝트》에서 모든 관계가 '투사projection'와 '전이transference'라는 두 가지 동력으로 특정될 수 있다고 말했다. 투사란 개인의 심리적 특성을 자신이 아니라 타자, 즉 특정 인물이나 제도, 역할에서 찾아 고정하는 메커니즘이다. 이는 무의식적으로 일어나는 과정이기 때문에, 비록 그것이 왜곡된 것임에도, 우리는 우리가 투사한 그 타자를 이미 알고 있던 것처럼 반응한다.

마찬가지로 우리는 그러한 경험에 대한 개인적인 역사를 다른 인물이나 제도, 역할에 전이시킨다. 그래서 우리는 친숙한 타인이나 교회, 정부, 조직 등이 가지고 있는 권한 바깥의 역할을 수행하면 관계를 유아기 단계로 초기화한다. 지난 경험을 되돌아보면, 우리는 과거로부터 이어진 회피적이고 통제적인 행동양식을 통해 새로운 순간을 맞이함으로써 자신도 모르게 어른의 능력과 현재의 관심을 감소시킨다.

우리에게 주어진 무소부재한 힘과 교묘한 투사는 역사적인 전략으로 전이되었다. 우리는 타인이 우리를 보살펴주기를 기대하지만 충분하지 못한 소속감을 트집 잡는다. 우리는 왜 우리의 역할만으로 자신의 성숙함을 확신하지 못하고 만족하지 못하는가. 투사에 대한 우리의 기대와 전이 사이에 발생하는 차이는 지금 전개되고 있는 상황에 대한 책임이 스스로에게 있다는 사실을 깨닫게 해준다.

우리가 만약 깨달음을 얻는다면 다음과 같은 용감한 질문이 뒤따른다. '스스로 해결하지 못하는 문제를 타자에게 묻고 있는 것은 아닌가?' 추측하건대, 우리 모두는 우리의 책임에 대해 묻는 이 질문의 답을 알면서도 미뤄왔을 것이다. 그것도 이미 꽤 오랜 기간 동안.

내가 이 질문을 용감하다고 말한 것은, 이 질문이 '바깥'쪽에서 '안'쪽으로 무게중심을 이동시키기 때문이다. 다시 말해서, 우리 내면은 우리가 언제 게을러지고 회피하려 하며 합리화하는지 이미 알고 있다.

우리는 우리의 계획이나 관계, 다른 사람들에 대한 기대가 어긋나게 될 때 이러한 불편한 사실들에 직면한다. 그리고 그 결과에 대한 책임을 져야 한다. 때로는 타자가 우리 앞에 나타나 우리가 회피해온 것들에 대해 책임을 지라고 요구한다. 때로는 우리 자신과 대면하는 암흑의 시간, 악몽의 훼방을 받고 비로소 그동안 우리가 지속해온 도망자적인 모습을 직면하게 된다.

우리 안의 무언가는 이를 이미 인지하고 있고, 항상 기억하고 있다. 우리는 그 대답을 하지 않으면 안 될 때까지 가능한 한 오랫동안 영혼으로부터의 소환을 회피할 것이다. 우리가 마침내 "나에게는 책임이 있고, 내가 책임져야 하는 일이며, 내가 해결해야 하는 일이다"라고 대답하는 순간, 우리는 성장한다. 적어도 그 다음 단계인 퇴보와 회피의 순간이 찾아오기 전까지는 말이다.

내가 만났던 사람들에게 각자 어느 부분에서 성장이 필요한지 물었을 때, 그들은 선뜻 대답을 적어 내려갔다. 그들에게 이 질문은 처음이 아니었을 것이다. 사실 이 문제는 잘 드러나 있는 편이다. 과거에 우리가 회피했던 일들을 생각해보라. 대립을 해소해야 하는 상황에서, 내가 가진 재능을 드러내 책임을 져야 하는 상황에서 우리는 성장을 미뤄왔다.

안타까운 점은 그 문제를 인식했다는 사실 자체만으로 그 문제가 해결되지는 않는다는 것이다. 우리는 대체로 그 사실을 아는 것에 그치고 만다. 우리는 두려움과 무기력 때문에 성장을 회피한다. 이 두 개의 존재론적 성향은 우리가 가진 다른 성향보다 항상 우세하다.

우리가 성장을 회피하는 동안 우리의 영혼은 혼란에 빠진다. 혼란에 빠진 영혼은 우리에게 고통을 호소하며 조난신호를 보내거나 거세게 저항한다. 이러한 영혼의 저항에서 벗어나기 위해 우리는 더 빠른 속도로, 더 오랜 시간 성장을 회피해왔다. 하지만 얼마나 더 그럴 수 있을까? 우리는 우리가 어느 부분에서 성장이 필요한지 인정하고 받아들이는 것이 상대적으로 더 쉽다는 사실을 이미 알고 있다.

영웅의 원형hero archetype은 우리가 수천 년을 칭송해온 힘이다. 그들은 임무를 완수하고 두려움을 극복하며 사람들이 필요로 하는 것을 따른다. 즉, 모범을 보이는 사람이다. 우리 안에도 이러한 모습이 존재한다. 우리가 영웅의 원형이라고 부르는 것은 전 시대에 걸쳐 모든 사람에게서 찾을 수 있는 보편적 존재이기 때문이다. 영웅의 임무가 바로 두려움과 무기력이라는 어둠의 힘을 물리치는 것이다.

용을 무찌르는 영웅의 신화처럼 우리는 일상을 삼켜버릴 것 같은 두려움과 무기력에 맞서 뒤엎어야 한다. 머지않아 우리는 각자가 두려워하는 것을 마주하고 우리 내면의 무기력을 극복해야만 한다. 통제하기 어려운 상황을 맞닥뜨리게 될지라도 우리가 원래 어떤 사람인지 가능한 한 그대로 보여줘야만 한다. 이렇게 최선을 다하는 것만이 우리가 성장할 수 있는 방법이다. 원래의 모습을 드러내 보이는 것. 이것이 바로 삶이 우리에게 요구하는 바다.

나는 마르쿠스 아우렐리우스의 삶에 큰 감명을 받았다. 그는 로마 황제로서 한껏 여유를 즐길 수 있음에도 자신을 죽이려 달려들었던 훈족과 맞서 싸우기 위해 직접 전장에 나섰다.

그가 우리와 전혀 다른 사람이었기에 그러한 일이 가능했건 걸까? 그렇지 않다. 그 역시 두려움과 무기력의 충동에 늘 휩싸였다. 우리와 마찬가지로 그의 삶 또한 하루하루가 전쟁이었다. 절망에 민감했고 위안을 필요로 했으며 우리와 같은 생각을 했다.

'나는 다른 사람들보다 인생을 더 잘 살아가고 있는가?'

'다른 사람들이 나보다 더 잘 지내고 있는 것은 아닌가?'

우리 모두는 동일한 두려움을 안고 살아가고, 무기력에 빠지기 쉽다. 성장을 회피하려는 성향을 가지고 있는 것이다. 두려움과 무기력으로부터 탈출하기 위해 나는 종종 마르쿠스 아우렐리우스의 글을 읽는다. 그는 눈 뜨자마자 엄습하는 의심과 두려움, 위협을 피하기 위해 자기합리화하는 과정을 다음과 같이 묘사했다.

날이 밝았는데도 잠자리에서 일어나기가 싫을 때는 마음속으로 이렇게 생각하라. '나는 인간으로서 해야 할 일을 하기 위해 일어나는 것이다.' 나는 그 일을 하기 위해 태어났고, 그 일을 하기 위해 세상에 온 것이다. 그럼에도 여전히 불평하고 있는가? 따뜻한 이불 속에서 편안히 누워 지내기 위해 내가 태어났단 말인가? '그래도 누워 있는 것이 좋은걸!'이라는 생각이 든다면, 과연 당신은 일하기 위해서가 아니라 즐기기 위해 태어난 존재란 말인가?

그의 글을 혼자 읽다 보면, 그가 운명을 같이할 전우들과 함께 차갑게 얼어붙은 도나우강에서 물러나지 않는 적들을 마주하고 있는 모습을 상상하게 된다. 나는 왜 그의 글을 반복해서 읽는가? 그의 글은 내가 누리는 특권 또는 기회에 미안한 감정을 느끼지 않도록 하고 불평을 하거나 쉬운 길을 찾는 일을 멈추도록 해주기 때문이다.

나는 스스로에게 다시 한 번 이렇게 말한다. 할 수 있는 한 최선을 다하면 두려움과 무기력에 맞선 내적 싸움에서 승리할 수 있다고. 그 싸움에서 패배했다 할지라도 진정한 어른이 될 수 있다는 희망을 가지면 된다고 다시금 생각한다.

삶이 우리에게 바라는 태도가 바로 이러한 것이다. 성장하고, 책임감을 갖고, 현재에 충실할 것. 이것이 배우자와 아이들, 그리고 더 나아가 이 세상이 우리에게 바라는 태도다. 우리가 계속해서 최선을 다하는 모습을 보일 때, 그것이 언제든, 비로소 진정한 어른이 된다. 그렇게 이 세상에서 문제를 일으키는 존재가 아닌, 세상이 짊어지고 있는 문제들을 해결하는 데 기여하는 존재가 된다.

스스로에게 이렇게 질문해보라. "어른의 삶을 시작하기 위해, 나는 어느 부분에서 성장해야 하는가?" 성장해나가기 위해서는 어떠한 두려움과 마주해야 하는가? 그 두려움은 실제로 존재하는 것인가?

성장 초기 단계의 어쩔 수 없는 경험인가? 이미 오랜 시간 그토록 무거운 감정을 지니고 살아왔다면, 내가 성장하지 못함으로 인해 치러야 할 대가는 무엇인가?

3장

과거는 어떻게
현재를 얽매는가

3장

과거는 어떻게
현재를 얽매는가

알베르 카뮈는 자신의 단편소설 《손님》에서 모든 책임을 회피하려 한 남자의 모습을 그렸다. 소설은 프랑스 식민지 알제리에서 발발한 전쟁을 배경으로 펼쳐진다. 프랑스인인 주인공은 아랍 학생들을 가르치던 교사로, 어느 쪽에도 속하지 않는 이방인 같은 인물이다.

주인공은 경찰관이 호송해온 죄수 한 명을 잠시 맡게 되는데, 그는 죄수에게 자유의 사막으로 향하는 길과 식민지 감옥으로 가는 길 모두를 알려주며 탈출의 기회를 준다. 다음 날 아침, 죄수가 사라졌다는 사실을 알게 된 주인공은 죄수의 선택이 자신과는 상관없는 일이라고 생각했다. 죄수는 자유를 찾아 떠나는 대신 감옥을 선택했고, 주인공은 죄수의 선택으로 인해 자신이 혁명가들의 보복 대상이 되었다는 사실을 알게 된다.

소설 속 죄수처럼 우리 또한 인생을 살아가면서 예측 가능하고 안전하며 익숙한 것들을 선택하는 경우가 많다. 심지어 그 선택이 비참한 결과를 가져온다고 할지라도, 해보지 않은 일로 불확실성을 느끼는 것보다 낫다고 생각한다. 불확실성의 늪에서 허우적거리기보다

"사슬에 묶인 자유를 갈망"하는 때가 더 많지 않았던가?

프로이트는 고통스럽고 결국 우리에게 익숙한 막다른 길로 이끌 것이 뻔함에도 과거의 행동을 반복하는 것을 '반복강박repetition compulsion'이라고 정의했다. 먼저, 우리는 부정(否定)의 힘에 의해 우리 삶이 프로그래밍 된다는 사실을 인식해야 한다. 이러한 사례는 무수히 많다. 일례로, 학대받으며 자라온 수많은 사람들이 자신의 배우자로 학대자를 선택한다. 비정상적으로 제한된 관계를 반복하는 것이다.

프로이트는 이번에는 나아질 것이라고 믿으며 정신적으로 충격적인 경험을 '보다' 안전한 것으로 여기기 때문에 이러한 행동을 반복하게 된다고 추측했다. 그래서 죄수는 자유의 심연, 즉 자유의 사막 대신 감옥을 선택했고, 주인공은 선택의 결과를 회피하기 위해 선택하지 않는 것을 '선택'했다. 그리고 지켜보던 신들은 그러한 선택을 내린 교사에게 끔찍한 결말을 가져다주었다.

과거의 모습에서 벗어나는 일은 생각보다 훨씬 어렵다. 우리는 집을 새로 꾸미거나 예전과는 다른 방식으로 휴가를 보내거나 심지어 배우자를 바꾸면 과거의 모습에서 벗어날 수 있다고 믿는다. 하지만 반복적인 행태는 여전히 남아 있다.

우리가 삶이라고 부르는 장기 방영 중인 연속극의 모든 장면에 등장하는 유일한 존재는 바로 우리 자신이다. 이 드라마가 어떻게 전개될지는 전적으로 우리에게 달려 있다. 그런데 왜 우리는 자신과 타인에게 나쁜 영향을 미치는 행태에 계속해서 얽매이는가?

이러한 행태의 핵심은 우리 내부의 감정으로 가득한 신념이다. 이러한 신념은 의식적인 것일 수도 있고 무의식적인 것일 수도 있다. 또한 정확할 수도 있고 부정확할 수도 있다. 원래는 우리 자신의 생각이 아니었지만 경험을 통해 만들어진 것일 수도 있다.

우리는 일상으로부터, 대중매체로부터, 원가족으로부터, 종교, 교육, 정치, 경제 같은 다양한 문화적인 요소로부터 얻은 메시지를 내면화한다. 이러한 메시지는 우리에게 해야 할(피하고, 참여하고, 실행해야 하는) 일과 하지 말아야 할(침묵하고, 감추고, 감정을 드러내지 않는) 일을 말해준다.

우리가 태어날 때부터 이러한 메시지를 인지하고 있었던 것은 아니다. 인류의 역사는 곧 메시지를 받아들이는 과정이었다. 생존을 위해 주변 세상을 '파악'해야 하는 나약한 존재였기 때문이다. 우리는 최선을 다해 적응해왔다.

무의식적으로 주입되는 강력한 메시지는 어린 시절 우리가 경험한 안전과 위험, 적응적 지침으로부터 비롯되며, 메시지가 우리의 정신에 활성화될 때마다 낡은 방식을 실행한다. 이와 같은 메시지들 가운데 가장 강력한 것은 초기 경험에 기인한 것들로, 자극에 대한 일련의 반사적 반응이 되어 지속적으로 축적되어간다.

이러한 메시지는 단순히 현상학적인 것, 즉 경험적이며 무의식적인 것들이지만 시간이 갈수록 특정한 문제나 일, 사회적 혼란에 대한 '일상화된' 반응으로 굳어진다. 일정한 패턴이 존재한다는 사실은 놀라운 일이 아니다. 이 메시지들을 무력화하는 것은 우리의 가장 어려운 과업 중 하나다. 그것들은 한 번 발생하면 우리의 생존과 삶, 타인과의 관계에 흔적을 남긴다.

오래된 충성심, 오래된 이해심, 오래된 서약이 우리 삶을 예측 가능하게 만들어줄 수는 있다. 하지만 이러한 오래된 생각은 우리를 무기력한 과거 또는 타인의 제한된 시선에 머무르게 할 수도 있다. 우리 정신의 본질은 변화와 성장, 호기심, 상상력에 있다. 하지만 제한적인 균형 상태에서조차 우리에게 친숙한, 이미 잘 알고 있는 방향을 유지하려는 보수적인 요소 또한 우리 내부에 존재한다.

오래된 '확신'이 혁명으로 인해 변화하고 무너지는 모습에 각기 다른 형태로 맞섰던 사람들을 생각해보라. 내가 어렸을 때는 성 역할과 정의, 인종, 민족, 성별에 따른 관행은 고정불변의 것으로 신으로부터 주어졌거나 누구도 거역할 수 없는 것이라 여겨졌다.

존재론적인 주장이 뒷받침되지 않는 '고정불변'이란 있을 수 없다. 인류 역사에서 개인이 인생의 항로와 가치를 선택하고 진실에 접근하는 데 이보다 더 자유로웠던 적은 없었다. 하지만 기회주의적인 정치인들이 그들의 상황을 유리하게 만드는 데 자유를 유용하면서 대중의 엄청난 반발을 불러일으켰다.

'과거의 좋았던 시절'을 원하는 사람들, '자신의 조국을 되찾고 싶던' 사람들이 진실로 원하던 것은 ① 한때 자신이 누렸던 지위를 되찾는 것 ② 불확실성으로 인한 분노가 확실성과 주어진 권위, 전통적인 가치와 온건히 동일하게 다뤄지는 것이었다.

해결되지 않는(실제로는 변화의 맹공 아래 모든 국가와 문화, 종교, 정치적 헤게모니로 이용되고 있는) 것은 인간의 정신병을 연료로하는 수많은 역풍들이다. 변화와 막연함, 진화, 무너진 확실성에 대한 불안감은 문화적 긴장과 갈등, 광란을 발생시켰다. 그들을 억압하고 분노하게 만든 것들을 전복시켜왔던 그들의 이야기가 그저 역사이고 해석일 뿐이라는 사실을 깨달은 사람은 거의 없다. 또한 이어질 시대에서는 지금 우리의 문화전쟁이 우스울 정도로 구식이고 무지하며 제한적인 것으로 간주될 것이다.

전 일리노이주지사이자 UN 주재 미국 대사였던 아들라이 스티븐슨Adlai Stevenson은 취약계층을 대하는 태도를 통해 그 나라의 도덕적 척도를 판단할 수 있다고 말했다. 우리는 여기에 다음과 같은 결론을 추가할 수 있다. 문화의 도덕적 척도는 개인과 그룹이 모호함과 변화를 감내할 수 있는 정도와 타자의 다름을 수용할 수 있는 정도로 측정할 수 있다. 이와 같은 정의에 따르면, 우리가 살고 있는 이 세계는 썩 훌륭한 편은 아니다.

우리에게 보존해야 할 가치라는 것이 존재할까? 물론이다. 예절이나 관용, 타자에 대한 존중 등은 그럴 가치가 충분하다. 나는 정신병리학에 또 한 번 승리의 희망을 걸어본다. 비록 내가 지금 연구할 수 있는 것은 나 자신, 한 사람뿐이지만 보다 창의적인 삶에 적응할 수 있도록 변화와 모호함, 과거의 확실성이 무너지는 상황을 받아들이기 위해 노력할 것이다.

과거를 버리는 일은 쉽지 않다. 그렇게 하기 위해서는 우리를 괴롭히는 불안감을 어느 정도 참아낼 수 있어야 한다. 확신해왔던 것들을 떠나 어두운 바다를 향해 구명보트를 띄워야 한다. 변화에 저항하는 것은 자연의 본성과 정신의 발달에 대항하는 것이다.

본성에 대한 저항이 바로 신경증neurosis의 정의다. 우리 문화에서 발견한 무의식적이지만 분명히 이루어지고 있는 저항의 증거는 나이 듦과 죽음에 대한 집착과 부정이다. 노화와 죽음은 DNA에 프로그래밍 되어 있는 자연스러운 진화 과정이며, 우리가 세상에 태어난 순간부터 시작된다. 그러나 우리는 몇 번이고 젊음에 집착했고, 본성이 이끄는 성장과 우아한 합의를 거부했다.

노화와 질병, 죽음의 과정과 마주한 예이츠는 '비잔티움으로의 항해 Sailing to Byzantium'에서 영혼은 어쩔 수 없이 "낡은 외투 조각조각들을 위해 더 높고 힘차게 노래한다"고 썼다. 우리는 외연의 축소를 위해 내면이 요구하는 폭넓은 연결에 대한 부름에 응답해야 한다. 이러한 과정에서 우리는 의미와 성장, 그리고 영혼의 회복력을 얻게 된다.

하지만, 우리가 선택한 대안은 끊임없이 도피하는 인생이다.

인생은 연결과 분리의 연속이다. 어머니의 자궁에서 분리되는 순간부터 시작되는 이 과정은 우리가 살면서 결코 회복할 수 없는 최초의 트라우마 trauma이기도 하다. 계속되는 삶의 여정에서 우리는 누군가와 연결되었다가 분리되는 경험을 지속한다. 우리 삶 속에 깊이 들어왔다가 사라지는 사람도 있다.

이러한 상실의 경험은 때때로 트라우마로 남는다. 파탄 난 결혼생활, 먼저 떠나보낸 아이, 물거품이 되어버린 경력이 그렇다. 이러한 것들은 분명 고통스러운 경험이지만 삶을 향한 전진을 멈추고 고통을 끌어안지 않으면 우리가 여기 존재하는 이유를 없애는 것과 같다. 수천 년 전 아프리카의 대초원에서 출발한 인류의 모험은 존재의 위대한 모자이크 속 더 나은 일부가 되기 위한, 거대한 퍼즐 맞추기에 대한 겸허하고 고귀한 참여로부터 비롯된 것이다.

인류의 역사는 곧 연결과 분리의 이야기다. 세상의 요구에 맞춰나가다 보면 자신의 일부를 잃기도 한다. 여기에는 우리가 죽음이나 이혼, 질병 등으로 잃었던 소중한 사람들도 포함된다. 이 같은 상실을 삶의 일부로 받아들이고 계속해서 살아나가든, 그 상실이 일어난 이유를 계속 고민하며 그 상태에 머물러 있든, 이러한 일들은 반복해서 일어난다.

예를 들어, 배신을 경험한 사람은 종종 그러한 경험으로부터 비롯된 상처와 암묵적 의미에 집착한다. 내가 만난 사람들 중 셀 수 없이 많은 이들이 이전의 자아상이나 약점, 자기배반self-betrayal, 실패에 얽매여 있었다. 그들은 이러한 경험으로부터 교훈을 얻어 성장해 나가는 대신 이전의 자아상에 더 집착했다.

얼마나 많은 이들이 이러한 패턴을 반복하며 살고 있을까? 내 상담자 중에는 계속해서 형편없는 남자들만 만나온 여성이 있었다. 아버지로부터 버림받았다고 생각했기 때문이다. 그리고는 마치 아이들이 투정하듯, 이러한 강박이 계속되는 것을 모두 자기 탓으로 돌렸다. "나에게 일어났던 일, 내가 경험했던 것들, 그런 과거가 모인 게 지금의 나겠죠. 만약 내가 사랑할 가치가 있는 사람이었다면, 아버지는 제 곁에 있었을 거예요."

유령처럼 그녀의 곁을 맴도는 아버지라는 이마고[Imago](유아기의 사랑의 대상이 이상화된 것_옮긴이)는 계속해서 부적절한 남자에게 전이된다. 그녀의 의존성을 감지하고 (아버지처럼) 그녀를 떠나버렸던 남성들은 그녀가 보여왔던 반응들에서 그녀의 나쁜 의도를 읽어냈고, 자신의 욕망이 들키는 것을 두려워했다.

이러한 관계의 패턴은 우리가 여전히 자신과 타자에 대한 초기 경험에 애착을 갖고 있기 때문에 발생하는 공통적인 현상이다. 핵심은,

이러한 관계 패턴이 전하는 메시지, 하고자 하는 이야기는 '운명적'이라는 것이다. 우리가 그러한 콤플렉스, 즉 자아와 타자에 대한 정신적 이마고에 여전히 얽혀 있다는 것을 깨닫기 전까지 우리는 반복되는 이야기 속을 방황할 것이다. 마치 고대의 항해자들이 받아들여야 했던 운명처럼.

과거의 것을 버리는 일은 생각보다 훨씬 어려운 일이다. "오랫동안 져왔고, 계속해서 패배를 향해 가고 있다." 사무엘 베케트의 희곡 〈엔드게임〉에 나오는 이 대사의 지혜를 받아들이기까지 거대한 어려움이 따랐다. 우리는 우리의 역사, 우리의 가치, 우리 자신과 타자의 잠정적인 정의에 의해 정의되어졌다. 자신을 다른 방법으로 생각하는 것은 위협적이거나 상상할 수 없는 것이었기에 우리는 집요하게 우리의 역사에 집착했다.

하지만 인간의 정신은 더 많은 상상을 하고 있다. 콤플렉스의 문제는 그것이 상상력의 부재를 야기한다는 것이다. 상상력이 부재한 이들은 자신의 과거에 대한 현상학적 메시지만을 반복적으로 말한다. 앞서 말했지만, 인간의 정신은 삶에 대한 거대한 관점과 평범한 자아가 이해할 수 있는 것보다 더 거대한 상상력을 가지고 있다.

아이러니하게도 정신병리학은 정신 혹은 영혼에 대한 거대한 상상력의 증거이기도 하다. 만약 우리에게 영혼이 없다면, 다시 말해 의미의 수단이 없다면 우리가 적응하는 그것이 곧 현실이 될 것이다. 하지만 우울증 같은 정서적 공격과 고통스러운 꿈 등을 통해 영혼은 육체의 적응에 끊임없이 반기를 든다. 현대의 정신의학 및 심리치료는 대부분 이와 같은 저항을 연구해 내적 갈등에 보다 깊이 파고든다.

반면 정신역학적인 접근을 취하는 이들은 이러한 증상이나 꿈, 행동 패턴에 대해 다음과 같은 질문을 던진다. "저항이 발생하는 이유는 무엇인가?" "저항하는 것은 무엇인가?" "(환경이나 콤플렉스 혹은 과거가 바라는 것과는 반대로) 영혼이 바라는 것은 무엇인가?"

이와 같은 질문들은 문제를 덮어버리거나 건너뛰려고 애쓰거나 마취제를 투여하듯 무감각하게 만드는 것이 아니다. 오히려 그보다는, 마치 우리 집 문을 두드리는 낯선 사람에게 그러하듯, 위엄을 갖추고 영혼에게 다가가 이렇게 묻는 것과 비슷하다. "무슨 일이시죠? 원하는 게 무엇인가요? 어떻게 해야 대화를 나눌 수 있을까요?"

이처럼 존중하는 태도로 내면과의 대화에 나설 때 비로소 우리는 과거와 이별할 준비를 시작할 수 있다. 과거의 많은 부분이 미래로 나아가는 데 도움이 되긴 하지만, 도움이 되지 않는 부분 또한 많다. 우리가 정기적으로 집을 청소하고 낡은 옷들을 정리하면서 더 이상 입지 않을 옷은 처분하는 것과 마찬가지로, 우리는 반드시 우리의 축적된 과거와 삶의 태도, 무의식적 행동, 반응 등을 정리해야 한다. 그리고 그중 더 이상 생산적이지 않으며 의미가 없고 성장에도 도움이 되지 않는 쓸모없는 것들은 버려야만 한다.

바울이 고린도인에게 보내는 편지에서 썼듯, 성인이 되었을 때 우리는 어린아이와 같은 모습을 버리게 된다. 그렇게 되었을 때, 우리는 비로소 용감하고 신중한 자세가 필요한 미지의 세계를 향한 여정에 동참해나갈 수 있을 것이다.

4장

나는 왜 스스로를
두려워하는가

4장

나는 왜 스스로를
두려워하는가

초감 트룽파는 《샴발라: 성스런 전사의 길》에서 전사를 파괴의 대리인이 아닌 '용감한' 인물로 묘사한다. 그리고 자기 자신을 두려워하지 않는 것이 '용감함'이라고 정의한다.

이는 상당히 역설적이다. 우리가 왜 스스로를 두려워해야 하는가? 우리는 스스로를 두려워하기 위해 태어난 존재가 아니다. 하지만 우리는 우리 자신을 매우 작고 연약하며, 우리를 에워싸는 강력한 힘(특히나 우리가 부모라고 부르는 거인들)에 의지하며 사는 존재라고 경험적으로 그리고 의식적으로 계속해서 인지한다.

우리에게 내재되어 있는 힘이 어떤 것이든, 외부의 힘에 의해 쉽게 압도당한다. 따라서 우리는 내면의 힘을 부정하거나 심지어 두려워하기까지 한다.

신시아라는 여성의 예를 들어보겠다. 그녀는 평생 자신의 삶이 늘 뭔가 부족하고, 제대로 된 삶을 살고 있지 않다고 생각해왔다. 그녀는 늘 회피하고, 도전을 두려워하며, 심지어 자기태만까지 보이는 상태였다.

그녀는 운 좋게도 (어쩌면 운이 나쁘게도) 유명인의 딸로 태어났다. 그녀의 어머니는 상당한 업적을 이루었고 높은 학력을 가진 매우 존경받는 분이셨다. 신시아는 자신도 어머니처럼 살아야만 한다고 생각했다. 하지만 그녀는 자신이 천부적으로 어떤 능력을 지니고 있든 절대로 어머니 같은 사람이 될 수는 없을 것이라고 일찌감치 깨달았다. 그 누구도 신시아에게 어머니와 비슷해질 필요가 없다고, 그것은 어머니의 삶이지 신시아의 삶이 아니라고 명확하게 이야기해주지 않았다.

친구들이나 이웃들, 가족들과 자신을 비교하며 그들과 어깨를 나란히 해야 한다고 강요해온 이들이 얼마나 많은가? 우리도 남들과 비슷하게 살아야 한다고 생각해오지 않았는가? 그런데 우리가 닮고자 하는 사람들 가운데 자기회의에 빠지고 자기질책을 일삼아온 사람이 상당히 많다는 사실을 알고 있는 사람은 거의 없다. 심지어 그들은 칭찬을 받을 때도 스스로를 환자처럼 취급해왔다.

한편 '무엇을 하느냐'가 아니라 '내면에서 무슨 일이 일어나고 있느냐'가 중요한 차이를 만들어낸다는 사실을 알고 있는 사람도 거의 없다. 우리가 만약 그들을 이끄는 힘이 무엇이고 그들을 괴롭히는 것은 무엇이며 그들이 무엇을 강요받아왔는지 알게 된다면, 그들과 똑같은 삶을 살고 싶다는 생각은 사라질 것이다.

융은 우리가 겪는 모든 어려움은 본능, 욕구 같이 우리를 보다 완전함으로 이끄는 감정 상태로부터 우리가 분리되었다는 사실에 기인한다고 주장한다. 니체는 더 나아가 인간을 '병든 동물'이라 지칭하기도 했다.

물론 융과 니체 모두 본능적인 충동이 지배하는 삶을 지지했던 것은 아니다. 하지만 의심이나 두려움에 의해 본능으로부터 멀어지는 것은 그 사람이 매우 중요한 삶의 근원으로부터 단절되어 있음을 의미한다. 본능이 너무 강하면 우리는 동물적인 존재로 규정되지만, 반대로 지나치게 의식에만 집중하면 자연스러운 근원으로부터 멀어지게 된다.

적어도 우리 대부분에게 인생의 전반기는 매우 거대하고도 피할 수 없는 실수 그 자체로 가득한 시기였을 것이다. 내가 강연을 하는 동안 이런 생각에 대해 약간의 과장을 보태어 이야기하면 객석에 앉은 수많은 사람들은 고개를 끄덕이며 씁쓸하게 웃는다.

자녀를 생각하는 좋은 부모들은 이렇게 묻는다. "우리 아이들이 인생에서 실망감을 느끼거나, 엄청난 불행을 겪지 않게 해주려면 어떻게 해야 할까요?" 나는 "글쎄요, 부모로서 해줄 수 있는 일은 아마 거의 없을 겁니다. 왜냐하면 아이들이 직접 자신의 인생을 살아나가야 하니까요. 실수도 하면서 그것으로부터 무엇이든 배워나가야 하니까요"라고 답한다. 시간이 흐르면서 아이들이 고통스럽게 경험한 일들은 인생이라는 여정에 진정성을 더하는 역할을 한다. 다시 말해, 무엇인가 배우고자 하는 사람이라면 어떠한 상황에서도 배움을 얻는다.

인생 후반기는 단지 시간의 배열에 따른 순간이 아니다. 아무리 나이가 들었어도, 많은 업적을 달성했다 해도, 자신의 삶에 자기만족을 하고 있다 할지라도, 어떤 이들에게는 결코 다가오지 않는 심리적인 순간이다. 배우자의 죽음이나 결혼생활의 파탄, 질병, 은퇴 등을 겪으며 한 개인이 자신의 과거나 역할, 책무와 별개로 자기 자신이 어떤 사람인가에 대해 진지하게 고민하게 될 때, 우리는 보통 인생 후반기를 경험한다.

젊은이들은 집을 '탈출'하고 또다시 집을 나가는 일을 되풀이한다. 이들은 과잉보상 때문에 이런 행동을 하거나 도망자 생활에 중독되어 무의식적인 기분전환을 위해 이런 행동을 '해보려고' 시도한다. 이처럼 근본적인 영향력으로부터 멀어지면 멀어질수록 다양한 영향력들은 그 상황을 더 통제하게 되며, 결국 이러한 시도는 소용없게 되어버린다. 바로 이와 같은 상황에서 어떻게 행동하는가가 인생의 차이를 만들어낸다.

분별력 있고 성실한 태도로 살면서 많은 성취를 이룬 어느 개인의 인생이 일찍 끝나버렸다면, 아마도 바로 이 같은 상황에서 콤플렉스를 느꼈거나, 지시나 형식적인 절차에 얽매이고 있었거나, 가족에 대한 두려움, 생활 속의 상황 Sitz im Leben 때문에 그러했을지 모른다.

운명이나 우리 내면의 깊은 무언가가 우리의 근원적인 전제에 대해 검토해보도록 강요할 때만 그런 일이 일어날 수 있다. 그 전제는 우리가 생각해본 적 있는 것으로, 우리 내면에 영향을 미쳐 우리를 차별화시킬 가능성도 있다.

우리는 세상의 목소리에 저항하고, 자신만의 길을 갈 수 있다고 생각한다. 하지만 세상이 우리에게 요구하는 바는 무시하기에 너무나 엄청난 것이다. 따라서 우리는 개인의 권한을 회복해야만 한다. 하지만 "나는 어머니의 삶을 산 것이 아니다" 혹은 "나는 아버지처럼 살지 않겠다"라고 이야기하는 사람들은 여전히 다른 누군가의 삶에, 사실상 외부의 권위에 반응하고 있는 것이다.

어느 순간 우리의 자아의식은 과도한 외부의 목소리가 외치는 주장에 영향을 받게 된다. 과연 어떤 목소리가 나의 것인가? 각각의 다른 시간이나 장소에서 어떤 충고를 받게 되는 것인가? 우리는 이와 같은 질문들을 거의 하지 않는다.

개인의 권한을 찾기 위해서는 다음의 두 가지에 주의를 기울여야 한다. 첫째는 문제를 자세히 살펴보는 일이고, 둘째는 우리가 살펴본 바에 대해 용기와 일관성을 가지고 살아가는 것이다.

융은 1950년대에 썼던 어느 편지에서 인간이 진화하기 위해서는 세 가지 요소가 필요하다고 언급했다. 그는 심리학이 우리에게 통찰력을 가져다줄 수는 있지만, 용기와 인내라는 개인의 도덕적 자성이 그에 뒤따라야 한다고 주장했다. 딜레마를 파악할 수 있는 통찰력을 갖춘 의식에 도달하기 위해서는 온 힘을 다해 현실 세계의 삶을 살아갈 용기를 찾아야만 한다. 또한 시간이 흐르는 동안에도 계속해서 외부나 내면의 반대에 맞서 싸워나가야 한다.

통찰력, 용기, 인내라는 세 가지 과업에 대해 이해하지 못하면 우리가 살면서 마주하게 되는 딜레마들 또한 이해할 수 없다. '관계를 계속 유지하기' 위해 결혼상담가를 만난 커플이 있다고 해보자. 이들은 어떤 요소(긍정적인 것이든 부정적인 것이든)가 그들의 관계에 작용하고 있는지 그리고 '관계에 전념하기'가 무엇을 의미하는지 잘 알지 못할 것이다.

한 개인의 삶에서 갈등은 매우 급속히 퍼지기 때문에 갈등을 겪게 되면 무조건 달아나고자 하며, 결국 도망치게 된다. 갈등을 겪고 있는 사람에게 관계에서 생긴 문제는 사실 파트너와는 별 관련 없는 일이다. 그보다 이 문제는 그 사람이 과거 두려움과 마주했던 경험이나 그로부터 어쩔 수 없이 달아나려고 하는 행동에 기인한다. 또 다른 상대방은 어린 시절에 무기력함을 학습해왔을지 모른다. 아마도 여기저기서 자신을 제압하고 있던 환경은 그에게 이런 시선을 보내왔을 것이다. '너에게는 아무런 권리도, 선택의 여지도 없어.'

과거에 이런 경험을 했던 사람은 과거의 메시지만을 병적으로 반복하려고 하며, 나르시시즘에 빠져 상대방을 학대하는 파트너라 해도 그 사람과 붙어 지내려고만 한다. 만약 그 사람이 이와 같은 상황에서 자신의 '적'은 자신의 파트너가 아니라 어쩔 수 없이 이렇게 길들여진 자기 자신의 과거 때문이라는 사실을 알게 되면, 그는 무조건 오래 사는 일이 중요한 목표가 아니라는 사실을 깨닫게 될 것이다. 상대방이 아니라 과거의 메시지를 무력하게 유지시켜온 의존적인 과거 자신과의 관계 자체가 문제가 되는 부분이다.

이 문제에 대한 깨달음은 전체 투쟁 과정의 지극히 일부에 불과하다. 그런 다음에야 나의 내면에 프로그래밍 된 것이 무엇이고, 여전히 끔찍하게 느껴지는 것이 무엇인지 바라볼 용기가 따라오게 된다. 예를 들면, 인정받지 못했던 경험이나 분노 등을 마주할 용기가 생기는 것이다.

우리를 구속하는 두려움의 90퍼센트는 개인의 심리적 역사에서 비롯된다. 우리가 어떤 일에 적응하거나 개인의 진실personal truth에 항복하고 받아들이는 행위들은 외부 상황의 강요에 의한 것이다. 과거에 겪은 두려움은 통찰력이 필요한 순간에만 등장하는 것이 아니라 앞으로 남은 인생에서 매일 직면해야 할 문제다.

이렇게 말하는 것이 별것 아닌 것처럼 들릴 수도 있겠지만 과거 두려움에 휩싸였거나 두려움 때문에 포기한 것들을 다시 헤아려보는 일은 우리가 해야 하는 일들 가운데 가장 어려운 것이다. 우리는 이 일을 바로 오늘, 지금, 당장 해야 하며, 내일도 또다시 해야만 개인의 권한을 되찾을 수 있다.

용기란 자신을 두려워하지 않는 것이다. 이러한 용기의 정의를 다시 생각해보면, 우리 모두는 인생의 여정을 다시 바라보고 자신과 세계에 대한 이해를 새롭게 해야 한다는 것을 알 수 있다.

아이러니하게도 우리는 이와 같은 과정을 통해 성신병리학에 대해 알게 된다. 이 단어의 어감은 다소 딱딱한데, 어원상으로 보면 '영혼이 겪는 고통에 대한 표현'이란 뜻을 지닌다. 이 해석은 상당히 다른 관점, 즉 삶이란 보다 단순한 것이라 주장한다. 만약 우리가 자신에게 옳은 일을 한다면, 그것은 우리 자신을 위해서는 옳은 일일 수도 있다. 또 만약 옳지 않은 일을 한다면, 그것은 옳지 않은 일일 수 있다. 그러나 사실 삶이 이렇게 단순한 것은 아니지 않은가? 또 그것이 우리에게 옳은 일이라는 것을 어떻게 알겠는가?

계속되는 메시지들을 피하는 법을 어린 시절부터 마음속 깊이 학습해왔다 할지라도, 우리의 육체와 감정의 깊은 곳 그리고 우리의 정신이 그 메시지들에 대해 알고 있다. 그리고 각각이 제 의견을 나타내려고 한다. 개인의 권한 회복을 위한 노력은 보통 내적인 불화, 외부 갈등, 때로는 가슴 아픈 일이나 상실의 경험에서 시작된다.

건강함과 온전함이 어떤 것이든 상관없이, 외부의 선택과 내면의 현실을 조화시켜나가야 한다는 것은 분명하다. 우리가 가고 있는 길이 영혼으로 향하는 길이라면, 에너지는 바로 그곳에 있다.

우리가 하고 있는 일이 우리 자신에게 옳지 않은 것이라도 일시적으로는 그 목표를 향해 에너지를 동원할 수 있다. 어떤 때는 반드시 그렇게 해야만 할 경우도 있다. 하지만 시간이 흐르면 그렇게 억지로 동원된 에너지는 성급함이나 분노, 극도의 피로감과 같은 온갖 증상들로 이어지게 된다.

우리가 하고 있는 일이 옳은 일이라면, 감정 기능이 우리를 지지해준다. 즉, 우리의 자율감정체계가 우리의 선택을 지지해준다. 자율감정체계의 지지를 받게 되면 주변 사람들이 우리의 선택을 지지하지 않는다 하더라도 우리의 선택이 옳았음을 확인할 수 있다. 우리가 옳은 일을 할 때, 목적이나 의미, 만족감을 느끼게 될 것이며, 그를 통해 다른 사람들과 소통할 수 있게 될 것이다.

개인의 권한을 바탕으로 살아나간다고 해서 갈등이나 고통, 소외, 고난을 겪지 않게 된다는 것은 아니다. 역사 속 우리가 존경하는 인물들 대부분은 비참한 인생을 살았지만, 그들이 진실함을 보여주었기 때문에 우리는 그들을 존경한다. 그 인물들은 우리가 그러려고 하듯 자신의 소명에 따른 삶을 살았다.

시간을 두고 분리 및 정렬을 하게 되면 분별력이 생기게 된다. 분별력은 우리에게 수많은 요구들이 전해질 때나 의무가 충돌했을 때, 우리의 콤플렉스가 충동적으로 일어나는 상황에서 우리의 목소리를 찾는 데 반드시 필요하다.

융이 언급했듯, 분별력을 갖추게 되면 그다음 단계의 도덕적인 자질이 뒤따르게 된다. 과거 반드시 필요했던 순응적인 반응 때문에 상처 입었다는 사실을 알면서도 내 인생에서 일어나는 모든 어려운 일들에 맞서 과연 나는 용기를 낼 수 있을까?

이와 같은 '보호체계들'은 이제 나 자신의 과거에 갇혀버린 제약이 되었다. 시간이 흐른 뒤에도 이러한 선택을 지켜나갈 수 있을까? 안 좋은 결과를 마주하게 되고 이해를 구하지 못하거나 사랑하는 사람들이나 가까운 친지들로부터 지지를 얻지 못하고 소외되더라도 그 선택을 지켜나갈 수 있겠는가?

때로는 어쩔 수 없이 이러한 방식으로 시작해야 한다. 우리는 가능한 한 자신의 모습을 그대로 보여주어야 하는 호출로 삶을 인지하고 있기 때문이다. 우리는 마치 두려움에 지배되지 않는 것처럼 행동해야 할 때가 있다. 바로 이 순간, 우리는 적응하는 피조물에서 존재의 가능성을 증명해 보이는 피조물이 된다.

통찰력과 용기, 인내는 지루하고 장황한 이야기가 아니라 우리가 매일 신경 써야 하는 것이다. 우리에게 늘 요구되는 것처럼 우리가 하루하루 이 세 가지를 기억하고 최선을 다해 신경 쓴다면 권한이 없던 과거로부터 개인의 권한을 되찾는 날이 우리에게 올 것이다. 그렇게 될 때, 우리가 진정한 인생의 후반기, 즉 우리의 삶을 다시 되찾게 해줄 그 시기로 넘어왔다는 사실을 알게 될 것이다.

5장

불안은 무엇으로
나를 지배하는가

불안은 무엇으로
나를 지배하는가

9단계 회복 프로그램이라는 것이 있다. 우리가 손해를 입힌 사람들에게 보상하고, 더 이상 해를 끼치지 않도록 하는 과정이다. 이는 매우 간단한 방법처럼 들리며, 할 수만 있다면 분명 그렇게 보상하는 것이 옳은 일이다. 하지만 과연 이것이 그렇게 간단한 일일까?

우리의 나르시시즘이나 이기심, 무지, 무의식이 다른 이들에게 어떻게 해를 끼쳤는지 인식하는 것이 보상의 첫 단계다. 하지만 그리 쉬운 일은 아니다. 이러한 첫 단계는 국가나 타인에게 직간접적으로 해를 입힌 정치 및 사회, 경제 운동에도 분명 적용이 된다.

운명에 의해 소위 제1세계, 즉 부유한 선진국 국민으로 태어난 우리는 오랫동안 후진국 국민들의 어려운 삶을 등지고 살아왔다. 우리의 안락함과 옷가지, 신발 등 각종 생산품은 누구의 희생으로 얻어진 것인가? 우리는 계속해서 누구를 착취하려고 하는가? 이와 같은 질문들에 답하기란 쉽지 않다.

당신이라면 이 질문에 어떻게 대응할 것인가? 다시 한 번 마음을 가다듬고 영리하게 합리화할 방법을 찾아내고, 그전처럼 우리의 주의를 다른 곳으로 돌릴 것인가? '진보'라는 이름으로 원주민들의 문명을 파괴시킨 우리가 그들에게 보상해줄 방법이 과연 있을까? 다른 집단은 희생자가 되고, 오직 단 하나의 집단이 우위를 점하던 역사의 불가항력으로 인해 억압당해온 집단에게 과연 어떤 보상이 가능할까?

보상은 반드시 이루어져야만 한다. 그리고 우리 조상들이 과거에 저지른 죄를 인정할 수 있어야 한다. 우리가 어떻게 그와 같은 불공평함의 혜택을 받아왔으며, 그러한 불공평함이 어떻게 오늘날까지 무의식이나 무관심, 합리화된 이기심에 의해 계속되어온 것인지 파악해야만 한다.

우리의 행동이나 무책임함으로 개인적으로 상처를 준 사람들에게 보상을 하는 일 또한 쉽지 않다. 보상을 하기 위해서는 그 일에 대한 자각이 우선시되어야 하기 때문이다. 《영혼의 늪Swamplands of the Soul》에서 나는 세 종류의 죄에 대해 살펴보았다. 그것은 바로 맥락상 죄, 명백한 죄, 불분명한 죄다.

맥락상 죄는 앞서 설명한 것이다. 그 어떤 나라도 일부 국민들에 대한 억압 없이 집권한 나라는 없고, 그 어떤 경제체제도 공평한 경쟁의 장이 될 수 없다. 합리화된 불공평함에 예외란 없다. 그렇지 않다고 주장하는 이들은 도덕적 감각이 무딘 이들이거나 매우 부도덕한 이들이라 할 수 있다. 부도덕함은 대부분 무조건적으로 이기적인 것을 숭배하는 발상에서 비롯되기 때문이다.

물론, 우리 자신에 대한 정직한 판단으로 인해 발생한 죄, 즉 우리가 매일 아침 양치질을 하며 거울을 통해 마주해야 하는 존재에게서 비롯되는 명백한 죄 또한 존재한다. 지구에 사는 성인이라면 누구든 세상에 안 좋은 영향을 미치고 있다.

이 같은 부정적인 부분들은 우리의 의식에 영향을 미친다. 우리가 어떻게 그들에게 상처를 입혔으며 무시했고 소외시켰으며 우리의 요구를 강요했는지에 대해 누군가가 우리에게 이야기해주면 우리는 그 사실을 알 수 있다. 이렇게 설명하면 그 죄가 조금은 무마될 수 있을지 모르나, 이미 상처를 받은 사람에게는 별 도움이 되지 않는다.

다시 이야기하지만, 이러한 죄는 보상을 통해 회복될 수 있다. 하지만 삶은 좀처럼 이러한 문제들에 두 번째 기회를 주지 않으려 한다.

많은 이들이 자신이 무심코 쌓아왔다고 생각되는 업보를 해결하기 위해 노력해왔다. 때로는 보상 법령 제정과 같은 상징적인 방식으로 적당히 보상될 수도 있다. 하지만 이와 같은 법령의 제정은 그 사람이 또다시 강박의 덫에 빠지지 않도록 반드시 의식적인 차원에서 이루어져야 한다.

우리가 분명 무언가를 보상해줄 수 있는 유익한 것을 제공하는지, 아니면 악한 것으로 보상하는지 잘 살펴야 한다. 그리고 우리가 무엇을 하든, 그 일의 근원에 대해 아는 것이 중요하다. 또한 그렇게 하는 것이 우리를 치유하도록 하는 길인지, 혹은 과거를 무력화시키는 새로운 길로 우리를 이끄는 것인지 알아야 한다.

분명한 죄책감을 느끼지 못하는 사람은 너무나 연약한 나머지 자신의 선택에 책임을 질 수 없는 나르시시스트이거나 이러한 능력이 한참 전부터 불가능해진 소시오패스다.

내 정직한 죄책감이 나로 하여금 무엇을 하도록 하는가? 혹은 하지 못하도록 하는가? 이 질문은 늘 우리를 따라다닌다.

죄의 세 번째 형태인 불분명한 죄는 잘못된 명칭에서 비롯된 것이다. 우리는 죄를 지은 것이 아니라 불안한 것이다. 우리 대부분은 스스로를 어떤 사람인지 규정하는 것이 결코 환영받을 일이 아니라고 일찌감치 배웠다. 자신을 본성으로부터 분리시키는 법을 배워온 우리는 오랜 기간 본성과 멀리 떨어져 지내왔다.

우리 각자에게는 방어 시스템이 내재되어 있다. 자연적으로 충동이 일어나면 자발적으로 오래된 경고 시스템을 작동시켜 그 행동을 멈추도록 한다. 어느 순간 '네'나 '아니요'를 외칠 수 있는 힘이 영혼의 근본적인 자유와 존엄성을 통해 만들어진다는 사실을 완벽하게 이해한 사람들은 이렇게 말할 것이다. "내가 '아니요'라고 말할 때는 죄책감이 들어요."

우리는 왜 죄책감을 느끼는가? 무엇 때문에? 우리의 본성 때문에? 왜 우리는 우리 자신에게 강력하게 대항하는 법을 배워왔는가? 내가 이야기하는 바는 오래된 과거에 뿌리를 두고 있는 우리 내면의 방어 시스템에 대한 것이다. 이 시스템의 목적은 우리를 보살피기 위함이지만, 사실 이 시스템은 우리의 진실, 고결함, 성장을 모두 저해하고 있다. 우리가 이 보호막을 죄책감이라고 이름 붙일 수도 있지만, 사실 그보다는 불안관리라고 불러야 한다.

이러한 '늪지대' 각각이 서로 조우할 때 문제가 발생한다. 어떤 것이 다른 것과 관계를 맺고 있는지 찾아내야 하며, 이런 방식으로 점점 더 그 관계 찾기를 확장해나갈 수 있다.

예를 들어, 우리가 죄책감을 느낄 때 우리는 그 감정 상태를 간단한 테스트로 나타내 보일 수 있다. 그것이 고의였든 아니든, 내가 다른 사람들에게 해를 끼쳤는가? 혹은 현실에 끼워 맞추려 하거나 또 다른 형태의 보복을 피하기 위해 내가 나 자신의 현실과 맞서는 내면의 분열 형태인가? 그로써 지속적으로 과거의 방어 시스템을 작동시켜 이 순간을 마주하게 될 가능성을 저해하려 하는 것일까?

만약 우리가 세 번째 죄를 발견하게 된다면, 그 익숙한 행위 내에서의 방어 메커니즘이, 그리고 새로운 계획이 필요하게 될 것이다. 결국, 이러한 자율규제의 속박을 해결하려면 한 가지 방법이 필요하다. 그것은 바로 역공포적(공포증 극복을 위해 스스로 공포를 느끼게 하는 상황을 체험하는 일) 행동이다.

반드시 우리는 우리가 두려워하는 행동을 마주해야만 한다. 죄가 보호하고 있는 모든 행동은 반드시 우리가 직접 경험해야 하는 것이다. 그렇게 할 때만, 오래된 과거의 불안을 씻어내고 우리 자신의 모습으로 제대로 설 수 있게 된다. 그렇게 할 때만, 우리는 이 불안의 바다를 헤엄쳐나갈 수 있다. 또한 불안이 우리를 훼손시키거나 패배시키거나 단념시키거나 우회하도록 하지 않는다는 사실을 알게 되며, 결국 자유로워질 수 있다.

이미 망가져버린 세상에 우리는 빚을 져왔고, 타인들에게도 빚을 지며 살고 있다. 그럼에도 우리는 무엇보다 나 자신에게 진 빚부터 청산해야 한다. 우리는, 지금 이 자리에 존재하기 전부터, 우리 자신이 어떤 존재가 되어야 하는지 스스로에게 진정한 허락을 받지 않았다.

우리는 반드시 우리의 영혼에게 보상을 해주어야만 한다. 우리가 한때 보호막을 침으로써 우리의 영혼을 상하게 했고, 쓰라리게 만들었으며, 비겁한 행동들을 보였고, 무엇보다 이런 일들이 반복해서 일어나도록 내버려둔 점에 대해 반드시 보상해야 한다.

6장

나는 지금
누구의 삶을 살고 있는가

6장

나는 지금
누구의 삶을 살고 있는가

우리가 처음으로 마주하게 되는 '타자'는 바로 태어났을 때부터 우리를 돌봐주신 분들이다. 지금 알고 있는 사실을 우리는 그때 알지 못했다. 부모의 덩치가 산처럼 커다랗게 보인다 할지라도 사실 부모는 거인이 아님을. 부모가 모든 권력을 쥐고 있는 듯 보이지만 사실 부모는 신이 아님을. 부모가 우리 마음을 쉽사리 헤아릴 거라 생각하지만 부모라고 우리의 속내를 전부 꿰뚫고 있는 것은 아님을….

기존에 잘 알지 못했던 역사에 대해 공부할 기회가 생기거나 평소 잘 읽지 않던 문학 작품을 읽거나 대수롭지 않게 봐오던 미디어나 그 밖의 정보들을 통해서 부모도 우리와 마찬가지로 평범한 사람들이라는 것을 어느 순간 깨닫는다. 부모가 삶에 대해 배운 것들, 즉 살면서 깨닫게 된 교훈들은 주로 그들이 모델로 삼았던 사람들과 살면서 겪었던 긴박한 위기의 순간들로부터 얻어진 것들이다.

이들은 사실 오늘날 우리가 하는 것처럼 모든 상황을 이리저리 따져보거나, 다른 사람들과 의견을 주고받거나, 최신 정보를 통한 분석을 바탕으로 판단할 수는 없었다. 과거 부모들은 대부분 현재 우리가 당연하게 여기는 표현의 기회를 박탈당한 채 무지와 두려움, 그리고 지나친 압박감에 휩싸여 있었다. 우리 부모들의 삶은 때로 비밀에 쌓여 있었고, 남몰래 죄의식을 느끼는 이들도 있었다.

이런 문제들을 다른 사람에게 털어놓기 위해서는 상당한 위험을 감수해야 했다. 대다수가 믿는 종교와는 다른 종교를 가진 사람들이나 인종이 다른 경우에도 종종 타인들로부터 의심의 눈초리를 받아야만 했다. 비록 이들이 모두에게 호의를 베푸는 선한 사람들이었을지라도 자신의 다름 때문에 두려움을 느낄 수밖에 없었다. 그리고 이들은 주변 사람들과 비슷해지기 위해 정형화된 모습을 따라가고자 애썼다. 이들에게는 타인과의 소통 역시 제약이 따랐다.

과거를 그리움 가득한 어린 시절이라 예찬할 수는 없다. 추억할만한 '좋았던 옛 시절'이란 때가 사실 그 당시에는 없었다. 우리의 기억은 스스로를 속인다.

우리가 갈망했던 것은 바로 '확신'이라는 무의식이다. 그 확신이라는 것이 무지한 사람들을 안심시키고, 이들을 스스로에게 고착화된 신념과 행동의 범주 내에서 행동하도록 지켜주었다.

그 시절 세상은 무지하고, 두려움에 사로잡힌 편협한 곳이었다. 그러한 모습이 현재 많이 사라졌다는 사실에 나는 감사할 따름이다.

지금까지는 공공연히 드러난 것에서부터 감춰져왔던 것들까지 여러 가지 예시를 통해 과거의 모습을 살펴봤다. 그리고 이제 우리 앞에는 다음과 같은 세 가지 선택지가 놓여 있다. 첫째, 과거의 메시지를 따라 우리가 지금껏 봐왔던 그 모습을 반복하는 것. 둘째, 과거로부터 벗어나 과잉보상하는 것. 셋째, '과거의 문제를 해결'하기 위해 노력하는 것. 이는 무엇이 우리 안에서 분열을 야기하고 지속시키는지 알지 못한 채 어떻게 해서든 그 분열을 치유하고자 함을 의미한다.

우리는 대부분 과거 인물들의 발자취를 따르거나 과거에 얻은 교훈이나 가르침대로 행한다. 또한 교회 등의 종교단체나 이웃과 함께 지내온 익숙한 공간에서 경험한 바에 따라 행동한다. 모든 아이들은 안전하게 지켜야 하며, 안심시켜야 하는 존재다. 아이들을 지키는 데 있어서 공통된 가치관이나 관습, 금지 규정, 공동 기대치에 따라 맞춰가야 하는 일보다 더 중요한 것은 과연 무엇인가? 우리는 반복해서 실수를 범하고 나서야만 또 다른 세상이 있다는 사실을, 즉 실수라는 언덕 저 너머에 또 다른 선택지들이 있다는 사실을 발견하게 되는 것인가? 그렇게 해야만 보다 다양한 가능성이 존재하는 넓은 세상으로 들어갈 수 있는 것인가?

이러한 억압적인 패턴은 고대 그리스의 3대 비극이 그랬듯 다음 세대로 이어지게 된다. 그에 대해 충분히 고통받고 충분히 인식한 이들은 결국 복잡하게 얽힌 원인과 결과의 실타래를 풀고야 만다. 부족과 가장 밀접한 가치들을 넘어설 때, 비로소 개인이나 그 집단에 새로움이 가능해진다. 그 가치들은 감정을 자극하지만 심리학적으로 따져보면 원시적인 것이며 문화적으로는 피폐한 것이고 모두에게 위험한 아이디어다.

둘째로, 우리 내면에 있는 무언가가 이렇게 말하며 경고한다. "바로 여기, 잘못된 무언가가 있어. 네게 옳은 일이 아니야. 반드시 더 나은 방법을 찾아야만 해." 대부분의 아이들은 적어도 한 번쯤은 이를 시도해보면서 비난받게 되거나 견뎌내기 어려울 정도의 고립감을 느끼거나 처벌을 받게 된다. 결국 대부분의 아이들은 숨어버리고 만다.

하지만 어떤 아이들은 대가를 치르게 되더라도 헤쳐 나가고 독립을 선언할 용기를 지니고 있다. 또 어떤 아이들은 자기 자신이나 타인들에게 설명할 수 없는 방식으로 행동한다.

　다른 누군가의 삶을 따라서 사는 것은 (비록 그 누군가가 사랑하는 부모일 경우라도) 어렵다는 사실을 깨달은 이들은 다음과 같은 말을 이해한다. "어머니의 인생을 내가 대신 살 수는 없어." "아버지의 인생을 따라 살지는 않겠어." 이들이 할 수 있는 최선은 부모를 대신할 수 있는 배우자나 부모의 가치관과는 다른 가치관을 지닌 배우자를 선택하는 것이다. 과잉보상은 내면에서 통제하는 에너지가 아니라 외부의 '그것이 아니다'라는 지시에 의해 여전히 지배된다.

　셋째로, 이들은 '계획서treatment plan'대로의 삶을 계속해서 살고 있다. 이러한 삶은 근본적인 모델이나 지시사항을 없애고, 고치고, 피하도록 하고, 해결하기 위해 만들어졌다. 우리의 문화는 집중을 방해하고 주의를 분산시키는 일을 주 목적으로 둔 것처럼 변해버렸다. 하지만, 과연 무엇으로부터 분산되는 것인가? 심연의 존재가 내는 하품 소리로부터? 나이 듦이나 쇠약함, 죽음으로부터? 길 잃은 영혼의 극심한 괴로움? 이 모두가 옳다. 그리고 그 외에 다른 것들도 있다.

주의 분산은 우리가 인터넷이나 게임, 대화, 논쟁, 혹은 우리를 현혹하는 이미지나 이데올로기에 계속해서 노출되어 있음을 의미한다. 따라서 우리는 더 이상 기억이라는 공간에 머물러 있지 않게 된다. 아니면, 우리는 과도한 업무나 약물 혹은 술로 우리 내면에서 들리는 조용한 영혼의 목소리를 억누른 채 살게 될 수도 있다.

모든 부모의 양육이 문제라고 이야기하려는 것이 아니다. 부모들은 대부분 과거 우리 부모 세대가 그랬던 것처럼 주어진 자신의 역할을 잘 해내고 있으며, 지속적으로 애쓰고 있다. 나는 우리 부모님께서 나를 키워주신 것과 나를 사랑해주신 것에 대해 단 한 번도 흠 잡아본 적이 없다. 그리고 오늘날까지도 나를 키워주시기 위해 그들 자신의 영혼을 얼마나 힘들게 하셨을까 생각하면 마음이 아프다. 그럼에도 부모님은 그에 대해 좀처럼 불평하신 적이 없었다.

결국, 우리의 부모님들은 그들이 고생하고 노력한 것 이상을 기대하며 살아오신 것이 아니다. 그보다는 기껏해야 주변 사람들에게 좋은 평가를 받는 정도를 기대하셨으리라.

물론 실제로 정말 나쁜 사람들과 나쁜 부모들도 존재한다. 하지만 이런 부모들은 나쁜 사람도, 나쁜 부모도 아니다. "자식에게 가장 큰 부담이 되는 것은 부모가 살아보지 않았던 삶을 살아야 하는 것"이라는 융의 말은 이들 세대가 감수해야만 했던 침묵의 대가에 대해 잘 보여준다.

융의 아버지는 만성적인 우울증 때문에 자신이 가진 신념의 근거나 자신이 처한 상태, 자신의 집단에 대해 의문을 품을 수조차 없는 사람이었다. 융의 어머니 또한 불안에 시달리고 있었다. 융이 고백하기를, 자신의 아버지를 생각하면 떠오르는 단어가 바로 '무기력함powerless'이며, 어머니를 생각했을 때 떠오르는 단어는 '의지할 수 없음unreliable'이라고 했다. 무기력함과 의지할 수 없음이라는 엔진을 장착하고 이 세상에 나온 사람은 그와 동일한 패턴을 반복하거나, 과잉보상을 하려고 하거나, 혹은 그 패턴을 고쳐나가고자 할 수밖에 없었을 것이다.

인생의 전반기는 삶에 영향을 주는 역할들에 의해 정의 내려진다. 우리는 더 큰 역할과 결정들을 수행하기 위해, 그리고 무엇보다도 우리 자신이 부모가 되는 커다란 책임감을 갖게 되면서 부모로부터 독립한다. 우리는 가족의 기원과 종족의 특징들로부터 멀리 떠나왔다고 생각하며 자신만의 길을 찾기 위해 고군분투한다.

하지만 이처럼 이상화된 이미지가 주어져 있으면 우리는 그 이미지를 따르려고 하고, 그 이미지를 충족시키고자 노력하며, 무의식적으로 고치려 하게 된다. 다음 세대는 그 안에서 우리뿐 아니라 지금은 부재한 이전 세대들의 영향까지도 받게 된다. 자각이라는 고통을 경험하고 겸손한 자세를 갖게 될 때 우리는 새롭게 출발할 수 있다.

우리가 자신의 정신이나 영혼에 어긋나는 행동을 할 때, 분명 그 순간 우리 내면의 무언가는 그 행동을 감지한다. 따라서 심리치료사가 주로 하는 일은 이와 같은 어려운 문제에 대해 듣고, 이 문제를 또 다른 관점에서 바라볼 수 있도록 도와주는 것이다. 그렇게 했을 때 우리는 심리적인 저항이나 관계의 불화, 일반적인 질병 모두가 의미를 지닌 것이라는 사실을 결국 깨닫게 된다.

한 40세 여성은 자신이 가장 좋아하는 친척이 꼭 병문안을 왔으면 좋겠다고 생각하며 그 친척에게 자신이 곧 죽을 것이라 이야기하는 꿈을 꾼다. 사실 그녀는 불치병에 걸린 것이 아니었다. 그녀는 인생 전반기의 역할들을 지금까지 잘 마쳐왔으며, 심리치료를 통해 이제 곧 다른 역할이 시작될 것이라는 이야기를 듣고 있는 것이었다.

우리는 정신병리학을 통해 꿈이나 그 외의 증상을 재구성해봄으로써 의미를 향해 나아갈 수 있다. 그러니 이와 같은 증상을 억누르거나 그로 인한 불화를 없애려고만 하기보다는 이렇게 물어야 한다.

"왜 이런 일이 생긴 걸까?"

"내게 무얼 원하는 거지?"

"내면의 이런 모습으로 미루어볼 때, 내 삶을 어떻게 재구성할 수 있을까?"

오직 이와 같은 순간에만 우리는 (비록 좋은 의도에서 비롯된 것일지라도) 부모의 관념이나 사고방식, 한계, 역할 모델로의 영향에서 벗어날 수 있다.

수많은 훌륭한 부모들이 내게 이런 질문을 해왔다. "어떻게 하면 우리 아이들이 내가 겪어야만 했던 불화를 겪지 않을 수 있을까요?"
사실 내가 이 질문에 늘 하는 대답은 부모들에게 실망을 안겨준다.
자녀를 위해 부모가 해줄 수 있는 유일한 일은 가능한 한 부모 자신
의 삶을 충실하게 사는 일이라는 대답이다. 이렇게 했을 때 자녀의
상상력이 펼쳐지고, 자녀들이 자신만의 삶의 여정을 시작할 수 있으
며, 자신에게 향해 있는 가능성의 문을 열어나갈 수 있다. 우리가 자
녀들 삶의 어느 부분에라도 관여하려고 들면, 아이들은 항상 부모가
관여하는 삶을 살려는 경향을 보일 것이며, 과잉보상을 위해 애쓰는
삶을 살게 될 것이다.

우리의 삶을 가능한 한 충실하게 살아나가는 것이 우리의 영혼에
게 답하는 선물이 된다. 그뿐 아니라, 우리의 다음 세대들이 그들만의
삶을 자유롭게 살아나가도록 하는 방법이 될 것이다. 우리가 과거 부
모로부터 원했던 우리만의 삶을 누릴 자유를 자녀들에게도 주는 것
이다. 우리 아이들도 그들 자신만의 삶을 살아나갈 수 있도록.

7장

계획은 왜 항상
실패하는가

계획은 왜 항상
실패하는가

수년간 전 세계를 돌아다니며 워크숍을 진행하는 동안 나는 청중들에게 다음과 같은 질문을 반드시 던졌다.

"여러분 삶의 어떤 부분이 꽉 막혀 있나요?"

어디서 열린 워크숍이든지 내가 이렇게 물을 때마다 거의 한 번도 빠짐없이 청중들은 이렇게 되묻는다. "그 질문은 어떤 의미인가요?" "예를 들어 설명해주실 수 있으신가요?" "이렇게 다시 여쭤봐도 되는 건지요?"

이렇게 되묻는 것이 한편으로는 이해가 간다. 하지만 개인의 권위에 대한 문제를 해결하지 못한 이들은 다음과 같은 질문을 더한다. "이렇게 대답하는 것이 선생님께서 원하시는 바인가요?" "이렇게 대답해도 되나요?"

"만약 제가 생각하는 바가 틀렸다면 어쩌죠?"

이러한 가정은 (우리는 아니라고 주장하지만) 자식과 부모 사이에서 주로 일어나는 것이다. 내가 이 이야기를 하는 것은 판단이나 비판을 위함이 아니다. 외부 권력이라는 것이 얼마나 미묘하면서도 체계적인지 지적하기 위해서다. 또한 생산적인 삶을 살고 있음에도 외부 권력이 지속되고 있으며, "어떤 부분이 꽉 막혀 있는가?"라는 질문을 계속해서 하고 있다는 사실을 지적하기 위함이다.

하지만 이와 같은 모든 정황에도, 심지어 이 단어가 스웨덴어나 러시아어, 포르투갈어로 번역되고 있음에도, 내게 '꽉 막힌unstuck' 상태라는 것이 무엇을 의미하는지 정의해달라고 요구한 사람은 아무도 없었다. 그리고는 곧바로 질문에 대한 답을 써내려가기 시작한다. 이들의 글은 꽉 막힘이라는 개념이 우리 삶의 표면에 매우 근접한 것이며 어느 부분이 꽉 막힌 상태인지 우리 대부분이 잘 알고 있음을 보여준다. 하지만 우리가 꽉 막힘이라는 것이 어떤 개념인지 찾는 일은 그 정도로 쉬운 반면, 꽉 막힌 상태에서 빠져나오는 일은 왜 그렇게 어려운 것일까?

수천 년 동안 우리는 우리 자신이 스스로에게 가장 강력한 적이라는 사실을 인식해왔다. 똑같은 문제가 우리에게 계속해서 반복적으로 일어나고 있다는 사실 또한 알고 있다. 바울은 로마인들에게 보내는 편지에서 비록 자신은 선이 무엇인지 알고 있지만, 종종 선을 행하지 않았다고 이야기한다. 그 이유가 무엇일까?

그는 그리스어 '아크라시아[akrasia]'를 사용한다. 이 단어는 '자제력 없음'이라는 뜻으로 해석된다. 이렇게 꽉 막힌 부분들을 쉽게 찾더라도 자제력 부족으로 빠져나오는 일이 어렵다면 이보다 더 나은 해결책을 찾아보는 게 낫지 않을까?

우리 삶에 어디든 꽉 막힌 부분이 있다면, 잘려나가 아픈 발가락 하나가 우리에게 있는 것이나 마찬가지다. 그 콤플렉스는 주로 말썽 많고 연약한 부분에서 생겨난다. 물론 우리는 효과적이라고 증명된 의지를 동원할 수도 있고, 그로써 그 장애물을 밀어낼 수 있다. 하지만 대부분의 경우 그 꽉 막힌 문제들은 새로운 곳에서 또 생겨나고, 어느 곳에서든 지속적으로 존재하게 된다.

심층심리학의 두 가지 원칙은 이 문제에 도움이 될 것이다. 심층심리학을 통해 외부적인 행동만이 아니라 한 사람의 내면까지 전체를 고려해볼 수 있다. 나는 여러분에게 무의식의 세계와 대화하고 눈으로 지각할 수 있는 곳에서 흐르는 보이지 않는 에너지의 경로를 추적

해볼 것을 제안한다.

그 목표를 위한 원칙 두 가지는 바로 이것이다.

무엇에 관한 일이 아니다.

보이지 않는 것에 대한 보상이다.

첫 번째 원칙은 꽉 막혀 있는 부분이 원래 그렇게 쉽게 드러나서
는 안 된다는 것을 알려준다. 예를 들어, 우리가 흔히 쉽게 포기하게
되는 결심에는 살을 빼겠다거나 운동을 더 많이 하겠다거나 그 외 자
기계발을 위한 행동을 실천하겠다는 것들이 있다.

왜 우리의 계획은 쉽게 사라져버리고 마는 걸까?

한 가지 예를 들어보자. 식습관은 대부분 보이지 않는 요인들에
영향을 받는다. 즉, 정신이 필요로 하는 영양소들과 육체의 굶주림
과 같은 것들이다. 그 요구가 구체적이면 구체적일수록 보다 더 쉽
게 이해한다. 그 요구가 추상적이면 추상적일수록 이해하기는 더 어
려워진다. 만약 그 요구가 단지 음식에 관한 것이라면 우리는 보다

쉽게 식습관을 관리할 수 있을 것이다. 하지만 음식이라는 것에는 여러 가지 욕구가 얽혀 있다. 그리고 그 욕구는 뇌막(腦膜)으로부터 비롯된다.

과연 무엇이 우리의 요구를 가장 잘 충족시켜주는가? 우리는 음식에 감정적이며 사회적인 요구들을 투영한다. 그럼으로써 음식은 곧 사랑이자 연속성, 언제든 준비된 것이 된다. 아무리 끔찍한 날을 보냈다 하더라도, 우리는 집에 돌아와 냉장고 문을 열며 "자, 이제 집에 왔다!"라고 말한다.

왜 우리는 거식증이나 폭식증, 비만 같은 식이장애를 가지게 되었는가? 식이장애는 우리가 통제할 수 없는 세계에서 지나칠 정도의 관리가 필요하며, 이 세상에 사랑, 안전, 확신이 충분치 않다는 애처로운 외침이기도 하다. 즉, 우리의 영혼에 위협을 느낀 정신은 권력이나 비즈니스, 섹스, 포만감과 같은 일시적 대용품을 찾게 되는 것이다. 그러니 이 같은 은유와 상징을 내포하는 물질인 음식을 의지만으로 조절하는 일이 얼마나 어렵겠는가?

우리는 어느 지점이 꽉 막혀 있는지 분석해야 한다. 또한 우리가 쉽게 찾아낼 수 있는 부분이 어디인지 알아내야 한다. 예를 들어, 그 행동이 식별 가능한 것인지, 아니면 우리의 삶을 이끄는 보이지 않는 메커니즘인지 파악할 수 있어야 한다.

꽉 막힌 부분 아래에는 소위 말해 전선과 같은 것이 존재해서 오래된 과거의 영역으로 연결된다. 그리고 이 전선은, 우리 대부분이 잘 인식하지 못하지만 우리의 변화를 가로막아온, 콤플렉스를 강화하는 불안이라는 영역을 활성화시킨다. 이 전선은 불안과 마찬가지로 눈에 잘 띄지 않지만 실재하는 것이다.

예를 들어보자. 만약 내가 안심할 수 있는 대상으로서 매일 찾게 되는 음식을 포기한다면, 어둠 속에서 나를 맞이해줄 것은 과연 무엇일까? 오래전 여자 친구가 내게 했던 말 중 어둠 속에서 그녀의 손을 잡아줄 또 다른 누군가가 나타날 때까지 지금 잡고 있는 내 손을 놓지 않겠다는 말이 기억에 남는다. 이처럼 우리는 아주 약간의 애정이라도 남아 있는 관계에 집착하여, 결국 뚱뚱해질 때까지 그 흔적을 우리의 몸에 남겨놓는다. 따라서 그 음식을 포기하면 성적인 것에 지나치게 의존하거나 다른 집착적인 행동을 보일 수 있다.

이 모두는 분리된 이 세상에서 연속성과 연결성을 제공하는 것처럼 보인다. 지금 이 세상은 개인이 자신의 연결고리들을 직접 찾아나가야만 하는 세상이 되었다.

결국, 우리의 생존과 안녕에 두 가지 위협 요소가 생겨났다. 바로 압도당하는 것에 대한 두려움과 포기에 대한 두려움이다. 압도당하는 일이 생길 때면 우리는 이 거대하고도 잠재적으로 침략적인 세상과 상대적으로 무기력한 자기 자신에 대해 생각하게 된다. 이와 같은 모순이 어릴 때부터 주입되고 강화되며 우리의 능력을 벗어나는 세상의 힘을 실제로 경험하게 된다. 사람들은 측정할 수 있거나 예측, 통제 가능한 무언가를 숨기려 들지 않기 때문에 친밀한 관계에서도 수많은 권력 투쟁이 일어나는 것은 놀라운 일이 아니다.

두 번째 위협 요소인 포기에 대한 두려움은 배려, 지속성, 안도감에 대한 요구를 강압적인 행동을 통해 획득함으로써 다른 사람을 멀어지도록 한다. 물론 살면서 승인받을 수 있고 구조적으로 안도감을 얻을 수 있는 자리가 어디인지 찾으려 하는 것일 수도 있다. 그럼으로써 자신의 존재감을 쉽게 관리할 수 있지만 점차 줄어드는 만족감에 대한 보상에 중독되는 것일 수도 있다. 이처럼 타인과 연결된 상태를 고수해나가고자 하고 병적으로 집착하는 욕구는 우리가 변화나 단절, 애매모호함에 반응할 때 흔히 보이는 양상들이다.

최근 전 세계에서 문제가 되고 있는 근본주의자들의 폭력적 투쟁은 시대의 변화에 따른 영속성 해체에 대한 저항 반응이라고 할 수 있다. 수천 년 전의 의학기술만을 고집하지 않는 영혼들은 한밤중에 아픈 곳이 생기면 당장 응급실로 달려갈 것이다. 하지만 부족이나 농경사회의 편협한 신조만을 계속해서 고집하는 영혼들도 있다. 이 신조는 부족의 역사적 전통에 의해 승인된 것이며, 원시적인 규칙과 편견으로 가득 차 있다.

이와 같은 절망적인 행동 모두가 포기에 대한 반응이다. 이런 행동은 무의식의 깊은 곳 어딘가에서 무의식적으로 작용하고 있다. 확실성으로부터 버림받은 영혼들은 현존이라는 가상의 확실성과 권위를 재구성하기 위해 필사적으로 노력한다.

우리는 꽉 막힌 상태에서 벗어나는 일이 왜 그렇게 어려운지 그제야 파악하기 시작한다. 꽉 막혀 있는 상태는 상태 그 자체에 관한 것이 아니다. 우리가 알아낼 수 있는 것은 단지 우리가 파악할 수 없는 부분들의 표면 정도일 뿐이다. 우리가 볼 수 없는 것은 이 민감한 유기체가 움직이는 방식이다. 우리는 방어와 예측을 통해 대상이나 행동, 이미지, 관행, 규약, 제도, 신조를 정확하게 만들어낸다. 이러한 것들이 우리 모두가 종속되어 있는 과거의 불안을 어느 정도 해소해줄 수 있는 것처럼 보이기 때문이다.

우리 가운데 그 누구도 중독적인 패턴에서 자유롭지 않다. 내가 말하고자 하는 바는 '반사적 불안 관리 시스템reflexive anxiety management systems'에 대한 것이다. 사실, 우리는 이와 같은 시스템을 가지고 있어야만 한다. 그러나 이 시스템은 우리를 풀어주기 위한 것이라기보다는 관리하는 것이라 할 수 있다. 중독의 고통이 축적될 때 바로 그러한 일이 벌어진다.

반사적이란 단어는 우리의 반응이 자동적이고 논리적이거나 암시적이지 않으며 변형되지 않는다는 것을 의미한다. 또한 질문을 받는 순간 그 행동에 미리 방어하기 위해 합리화로 가득 조합해놓은 상태가 아닐 때 쓸 수 있는 단어다. 불안은 어디에나 존재하며, 인간이라는 동물을 움직이게 한다. 따라서 왜 우리가 불안에 대한 방어기술을 만들어왔는지 이해할 수 있다.

불안이 반복해서 생겨나면서 이와 같은 방어기술들은 공고해지고, 각자의 삶을 알아서 떠맡는 시스템으로 자리 잡는다. 우리는 보통 이 관리 시스템을 대체하거나 능가하고자 하지만, 이러한 사실 자체가 이 시스템이 왜 우리의 의지에 저항하려 하는지 설명해준다. 이러한 시스템을 대체하기 위해서는 우리에게 가장 치명적인 위협, 즉 압도당함과 포기에 맨몸을 노출하는 거대한 대가를 치러야 한다.

따라서 우리는 할 수 있는 한 최선을 다해 진퇴양난의 상황과 화해하고 앞으로 나아가거나 우리 각각이 지닌 역사의 지하실에 쌓여 있던 오래된 불안이 언젠가 터질 위험을 감수해야만 한다. 만약 우리가 꽉 막혀 있는 지점이 어디인지 파악할 수 있다면 우리를 무력하게 만드는 불안의 늪으로부터 구체적인 두려움이 무엇인지 찾아낼 수 있을 것이다.

대부분의 사람들은 이러한 두려움을 알지 못하는 상태로 살아간다. 두려움이 정체를 드러내는 순간, 우리가 알게 되는 것은 우리가 두려움을 감당할 수 없다는 사실뿐이다. 이는 다음과 같은 전제를 암시한다. '만약 내가 여기서 한 발 더 나아간다면, 나는 홀로 남겨지거나 내가 사랑하는 사람, 우리 부족들의 이해와 지지를 얻지 못할 것이고, 그 상태를 견뎌낼 수 없을 것이다.'

이 모든 과정은 무의식 속에서 이루어진다. 우리가 만약 의식적으로 생각한다면 '의지'라는 것은 생겨나지 않는다. 의존적이고 무기력한 아이로 자라온 우리가 회복력을 갖춘 성인이 되기 위해 어쩔 수 없이 치러야 할 대가다.

마지막으로 우리는 부정이나 반복, 합리화와 같은 온갖 방어기제들로 조합된 삶에서 성장해나가는 동안 우리의 삶을 회복하기 위해 그 두려움과 반드시 직면해야만 한다. 우리가 각자의 삶을 책임지고, 과거 불안의 장을 넘어서고, 장애물을 건널 때 비로소 보다 더 위대한 인생을 살아나갈 수 있으며 꽉 막힌 상태에서 벗어날 수 있다.

아이러니하게도 우리가 꽉 막힌 상태를 벗어난 후에도 과거의 편안함을 뒤로하고 진정한 삶을 향해 나아가야 한다는 또 다른 새로운 불안과 마주하게 된다. 이와 같은 성장 자체가 너무 벅찬 것이기 때문에 우리는 종종 과거를 고수하는 쪽을 선택한다. 하지만 우리는 보다 더 큰 목표를 향해 나아가야 하며, 진심으로 그것을 바라야만 한다. 우리는 편안함에 더 익숙해지기 전에 위험을 감수해야만 한다. 꽉 막힌 상태가 극도로 편안하게 느껴짐으로써 생겨나는 손실의 위험을 극복해야만 한다.

8장

본연의 임무는
무엇인가

8장

본연의 임무는
무엇인가

플라톤은 '인간은 '아는knowing' 존재로 태어난다'고 말했다. 하지만 우리는 일상생활을 하면서 우리가 알고 있는 것을 망각하게 된다. 세 살배기가 갓 태어난 자기 동생에게 "엄마 뱃속이 어땠는지 이야기해줄래? 난 벌써 잊어버렸거든" 하고 물었다는 우스갯소리도 있지 않은가.

과거의 기억을 완벽히 지니고 있던 상태, 즉 탯줄로 연결되어 있던 그 당시의 기억은 마음의 눈으로부터 이미 멀어지기 시작했다. 한때 나는 중국어로 된 책을 읽으면서 '자기 수집품으로 가득한 집에 사는 남자'에 대해 알게 되었는데, 그 모습은 대단히 놀라웠다. 일상을 저해하는 희생이나 우리에게 바라는 다양한 요구들, 정당하지만 억지로 부여된 약속들에 대해 나는 종종 생각해왔고, 그것을 풀어낼 수 있는 상징만이 그를 설명할 수 있다고 생각했기 때문이다.

융은 자신이 관찰한 모든 사례들에서 참여자들이 처음부터 자기 본연의 임무가 무엇이었는지 알고 있었다고 말했다. 당시의 신경증이나 장애물들은 우리의 임무가 무엇인지 제대로 아는 것에 대한 암묵적 위협에서 발생한 표면적인 혼란일 뿐이다.

우리 내면은 항상 우리에게 적절한 것이 무엇이며 옳지 않은 것이 무엇인지 알고 있다. 우리는 어려서부터 세상이라는 거대한 힘과 그 세상에 어떻게든 적응해야 한다는 사실을 알고 있었다.

융은 심지어 신경증과 영혼의 순환은 모두 잘못된 무언가를 치유하기 위한 노력이라고 지적했다. 하지만 상처에 대비하는 이러한 방어체계들을 통해 우리는 또 다른 결과, 즉 2차 피해를 초래할 수 있다.

자기 자신을 세상으로부터 무감각하게 만드는 일은 충분히 이해 가능하다. 어쩌면 전략적으로 세상과 멀어진 삶을 사는 것이 편안할 수도 있다. 하지만 이런 행동들은 삶의 문제들에 대한 진실하지 못한 반응이다. 만약 우리가 이와 같은 찰나의 휴식을 취하게 되면, 우리 내면에는 우리 자신을 괴롭히는 끈질긴 무언가가 계속해서 남아 있게 된다.

단순히 상황에 적응하는 것은 해결책이 될 수 없으며, 문제로부터 도피하는 것 또한 의미 있는 방법이 아니다. 융은 이렇게 강조한다. "정신신경증은 반드시 궁극적으로 아직 그 의미를 발견해내지 못한 영혼의 고통으로 이해되어야 한다."

우리는 그가 고통을 배제하지 않았다는 점에 주목해야 한다. '아픈 말이 가장 빨리 완주한다'라는 중세의 속담도 있지 않은가.

고통으로부터 달아나게 되면 삶이 하찮아지고 정신이 분산되며 삶이 무감각해진다. 융이 분명하게 강조한 바는 의미를 향해 노력하는 삶을 살아야, 즉 각자의 딜레마를 확장된 관점에서 바라보고 영혼의 소환에 대해서도 확장된 시각을 가져야 어둠의 계곡에서 빠져나갈 수 있다는 것이다. 그는 다음과 같이 덧붙였다. "전 세계에서 나를 찾아온 교육 수준이 높은 환자들 대부분은 신경증 때문에 내게 온 것이 아니었다. 그들은 자신의 삶에서 아무런 의미를 찾지 못했거나 그어떤 철학이나 종교도 자신이 던지는 질문에 답해주지 못한다는 사실에 괴로워하고 있었기 때문에 나를 찾아온 것이었다."

나는 결과 분석을 할 때나 워크숍이 진행되던 가운데 "(빈칸을 채워 답을 적어 넣어야 한다는 것을) 알고는 있죠…"라고 말하는 사람들을 수없이 봐왔다. 우리가 알고는 있지만 실행하지 못하는 일들은 어떻게 해야 할까? 이와 같은 딜레마는 물론 앞장에서 이야기한 '꽉 막혀 있는 상태'로 돌아가 생각해볼 수 있다.

이런 문제들을 겪을 때 우리는 과거의 불안, 즉 우리가 조롱당하거나 혼자 남겨지거나 넘어지는 것에 대한 두려움에 압도당하게 된다는 사실을 기억해야만 한다. 내면 깊은 곳에 두려움을 갖고 있는 우리는 스스로 그 두려움을 다시 끄집어내어 소환한다. 얼마나 많은 재능이 무시되었고 기회를 잃었으며 위험을 합리화시켜버렸는가? 이와 같은 지연, 합리화, 어긋남의 순간들은 바로 우리가 우리 자신의 영혼을 등질 때 벌어진 일들이다.

그렇다면, 과연 우리의 임무는 무엇일까? 우리 두 가지 임무는 바로 개성화individuation와 우리의 길을 가로막고 있는 구체적인 장애물, 즉 운명fate을 극복하는 일이다.

개성화에 대해 살펴보자. 개성화라는 용어는 과연 무엇을 의미하는가? 우리는 종종 이 용어를 나르시시즘을 허용하거나 기껏해야 다른 사람들의 욕구를 넘어선 이기적인 자기이익 추구로 향하는 길 정도로 해석한다. 하지만 융이 의미한 바는 이와 같은 추정들과 상당히 대조적이다.

융이 말한 개성화란 종교적인 소환이자 새로운 관계나 약물로도 치유될 수 없는 우리의 병적인 모든 행동들, 즉 왜곡된 관계나 무기력, 산만함과 같은 만성적인 질환들을 올바른 방향으로 이끄는 것이다. 누군가가 자신의 영혼으로부터 달아나려고 하는 한, 그 어떤 성취도, 타협도, 협상도 일어나지 않을 것이다. 개성화는 사실 일종의 봉사다. 하지만, 무엇을 위한 봉사인가?

내가 《무엇이 가장 중요한가What matters most》라는 책을 집필했을 때, 이 제목에 대한 답으로 (가족이나 친구, 선행과 같은 일반적인 대답을 제외하고) 머릿속에서 가장 먼저 떠오른 생각은 바로 두려움에 지배받지 않는 삶이었다. 두려움이란 피할 수 없는 것이다. 하지만 두려움이 주도하는 삶은 영혼이 제 역할을 제대로 하지 못하는 삶이 되어버린다.

본성은 항상 마땅히 받아야 할 것을 요구한다. 또한 우리가 '의미를 추구'하며 '의미를 만들어내는' 동물이라는 사실을 내포하고 있는 영혼도 마찬가지로 존중을 요구한다. 내 주변에는 원하지 않은 직업을 선택했던 이들이 무수히 많다. 자기가 원하는 직업은 아니었지만 부모님을 기쁘게 해드려야 했기 때문에, 혹은 그 직업을 갖지 않으면 안 된다고 느꼈기 때문에, 아니면 그 일이 재정적인 안정을 주기 때문에 그 직업을 선택했던 것이다. 수많은 사람들이 관계의 헌신에 대해서 이렇게 이야기해왔다. "이미 초대장을 발송했어요." "우리는 이미 되돌릴 수 없을 만큼 그 행사에 많은 돈을 들였어요."

삶을 되돌아보면, 여러 가지 중요한 선택들이 두려움에 의해 결정되었다는 사실을 알 수 있다. 이 두려움은 바로 타인을 실망시키는 두려움이거나 부끄러움이라는 두려움, 가족들의 지지를 받지 못할 것에 대한 두려움 등이다. 이와 같은 두려움이 우리 삶을 결정함으로써 우리가 수년간 갈등이나 우울, 분노, 망설임을 겪도록 했다.

내면의 상처를 치유하기 위한 우리의 노력은 내면의 상처를 집요하게 파고드는 우리의 정신으로 인해 실패로 돌아간다. 우리는 그저 치료사therapist에게 마법을 기대하거나 적어도 치료 계획서라도 가지고 있을 것이라 믿을 뿐이다.

사실, 치료사에게는 단 하나의 계획만이 존재한다. 그것은 바로 그 사람이 지닌 영혼의 실제 모습에 따라 함께 사는 것이다. 내가 몇 번이고 이런 질문을 던지지 않았던가. "여러분의 내면에 이 같은 모순을 만들어낸 것은 과연 무엇이라고 생각하는가? 자아의식이 에너지를 투입하는 곳으로 보내던 승인과 지지를 철회함으로써 여러분의 정신이 무엇을 이야기하려 한다고 생각하는가?"

이처럼 도발적인 질문들은 사람들이 본연으로 다시 돌아가도록 만드는 수사적인 도구 역할을 한다. 역할이나 범주, 타인의 기대에 의해 정의된 삶이 아니라 우리의 삶으로 다시 나아가는 것, 즉 우리의 진정한 모습이 되는 임무로 되돌아가는 것은 우리에게 가장 어려운 소환이다.

본연으로 향하는 두려움에 맞서기 위해 나는 종종 "임종 때 자기 자신의 모습으로 이 삶을 살지 않았다는 사실을 자각하게 된다면 어떤 기분이 들겠는가?"라는 오래된 질문을 떠올리곤 한다. 그 누구도 이처럼 침울한 예상을 편히 느끼지 않는다. 우리의 내면은 우리 자신에게 옳은 것이 무엇인지 알고 있으며, 우리가 어느 때 자기기만 mauvaise foi이나 불신을 저지르며 사는지 알고 있기 때문이다. 만약 그 고통에 목적이 있다는 사실이 느껴지기만 한다면 우리의 영혼은 고통이나 상실, 고립, 그리고 그보다 더한 문제를 헤쳐 나갈 수 있다.

의미가 없거나 자신과 타협할 수 없는 일이라면 영혼은 그 고통을 오랫동안 참아낼 수 없다. 융이 지적했듯, 의미를 지닌 가장 작은 것들이 그보다 훨씬 크지만 의미가 없는 것들보다 훨씬 더 중요하다. 그리고 의미는 우리의 문화가 아닌 우리의 영혼에 의해 규정된다.

또한 본연의 임무로 돌아오는 일은 작지만 매우 중요한 조각을 인생이라는 신비로운 퍼즐에 맞춰나가면서 우리 자신의 모습 그대로를 드러내 보이는 것을 의미한다. 운명, 변덕스러운 신, 개개인의 역사 속 최악의 인물들이 가져다준 그 어떤 장애물도 이겨내면서 우리는 반드시 본연의 임무로 돌아가야 한다. 다시 말해, 우리 삶의 의미는 우리가 보다 우리 자신에 가까워졌고, 삶의 어려움에 맞서 최대한 자신의 모습을 드러냈다는 것을 보여주는 정확한 지표인 것이다.

종종 자기방해self-sabotage라는 비뚤어진 만족의 형태가 나타난다. 이는 삶을 부인하는 자아 이미지 속으로 빠져들거나, 심리학 용어로 표현하자면 초대가 너무나 거대한 것이어서 거절하는 식으로 나타난다. 이와 같은 순간에 우리는 각자의 임무, 즉 우리 자신이 되어야 한다는 임무로 다시 돌아갈 것을 요구받는다. 이는 매우 간단하면서도 어렵고 심오한 일이다. 또한 자기확대self-aggrandizement나 자기확장self-inflation이 아니라 우리 영혼에 대한 소박한 봉사를 함으로써 우리가 세상에 기여할 수 있는 선물이다.

이렇게 겸손한 방법을 통해 영혼을 찬양하는 것보다 우리의 여정에서 더 중요한 일이 있을까? 운명은 때로 가혹하고 우리에게 제한을 가하지만, 우리 대부분에게는 이러한 변명도 부족하다. 우리는 자신의 임무를 잊어버리고 재능이나 관심의 책임, 세상에 대한 우리만의 독특한 관점도 잊어버린다. 잊어버리는 것이 쉽기 때문이다. 그래서 우리는 너무 쉽게, 그냥 잊어버리고 만다. 하지만 우리 내면의 무언가는 기억을 해내고 그에 저항한다. 그러면 또 우리는 그 저항과 그에 대한 꿈, 우리를 새벽 3시에 갑자기 일어나게 만드는 두려움을 또다시 묵살해버린다. 우리는 안전과 편안함, 세상에 꼭 들어맞아야 한다는 환상을 향해 달려간다.

나는 그런 사람들에 대해 평가하려는 것이 아니다. 나 또한 그들처럼 보내는 날들이 많았다. 하지만 그러다 간혹 두려움이나 인정에의 목마름, 포괄적 관용largeness의 위협에 맞서게 되는 날이 있다. 그런 날에는 할 수 있는 한 나 자신을 전부 드러내 보인다.

나는 잘 모른다고, 혹은 무지한 사람이라거나 배운 바가 없다고 더이상 말할 수 없다. 다른 사람들 또한 마찬가지다. 우리는 지금껏 살면서 충분히 변명의 여지를 만들어냈고, 충분히 합리화해왔으며, 충분히 회피해왔다. 그러나 내면의 무언가는 계속해서 존재하고 나타나며 잠들지 못하게 만들고 우리에게 보다 더 많은 것을 요구한다.

머지않아 우리는 우리의 영혼과 만날 약속을 하게 될 것이다. 우리가 그 자리에 나타나든 아니든, 신성한 임무는 여전히 그 자리에 남아 있다는 사실을 기억하라.

9장

어떤 길을
선택할 것인가

9장

어떤 길을
선택할 것인가

살면서 어려운 선택을 마주했을 때는 다음과 같은 실용적인 질문을 던져보는 것이 효과적이다.

"이 선택이 나를 확장시킬까 아니면 축소시킬까?"

이 질문을 던지는 즉시, 우리는 그 답이 무언지 알게 될 것이다. 만약 그 답이 즉시 떠오르지 않는다면, 계속해서 이 질문을 해나가는 것이 중요하다. 그렇게 한다면 질문에 대한 답은 꿈의 이미지를 통해 보여지거나 한밤중에 갑작스럽게 인지하게 되거나 자아가 생각을 교란시키는 일에 무방비 상태가 될 때 갑자기 통찰력이 생기는 식으로 언젠가 나타난다. 그러고 나서 우리는 마침내 답을 얻는다.

우리는 부나 권력, 명성, 타인의 칭찬을 위한 길이 아니라 확장의 길을 선택해야만 한다. 그것이 우리의 영혼이 바라는 바이기 때문이다. 우리가 작은 것을 선택하면 커다란 길을 향해 나아갈 필요가 없게 된다. 우리가 작고 줄어든 삶을 살고 있다는 사실을 깨닫기 전까지는 꽤 편안한 생활을 하고 있기 때문이다.

이 세상에는 우리를 위축시키는 힘의 존재가 무궁무진하다는 사실을 기억하라. 가난이나 교육 기회의 부족, 편견, 공평하지 않은 기회의 장 등이 바로 그런 것들이다. 하지만 무엇보다도 우리를 위축시키는 것은 어리고 의존적이었으며 무지했던 당시에 얻어진 것들이다. 우리의 삶이 형성되던 시기에 반복되었던 일들이나 욕구의 축소, 정신적 빈곤, 수치심, 하찮음 등을 그 예로 들 수 있다.

어린 시절에 흔히 듣던 이야기들을 떠올려보라. 세상은 커다랗지만, 너는 작은 존재다. 세상은 강력하지만, 너는 그렇지 않다. 과거 반복해서 들었던 이 이야기가 우리의 여정에 계속해서 뒤따른다. '나는 작고, 세계는 크다'라는 이 오래된 패러다임이 우리가 성인이 된 이후에도 지속되기 때문에 우리는 겁 많은 존재가 된다. 이 메시지는 우리가 각자의 가치관이나 가능성을 지닐 권리, 혹은 꿈을 꿀 권리를 약화시킨다. 내가 과장이나 오만, 현실에 대한 망상을 지지하는 사람은 아니지만, 우리 대부분은 쉽게 말해 자신에게 맞지 않는, 지나치게 작은 삶을 살고 있다.

융은 자신의 인생에 대해 쓴 여러 에세이를 통해 인생의 소환장은 바로 신성한 것으로부터 최초의 부름을 받는 소명, 즉 진정한 초대라고 언급했다. 이 소명에 복종하는 일은 우리보다 더 큰 존재인 종교에 복종하는 일과 마찬가지다. 이 부분에서 통로와 수수께끼가 동시에 존재한다.

우리 모두는 자기도취적 과시를 끊임없이 드러내는 권한을 가진 이들을 알고 있다. 이들은 민주주의를 존중하지 않는 사람들이다. 또한 우리는 보상 과잉compensatory inflation으로 불안을 초래하는 사람들에 대해서도 알고 있다. 바로 이들이 이 세상을 움직이는 실세들이다.

이들이 세상에 거짓말을 하는 이유는 바로 자기 자신에게 거짓말을 해야 하기 때문이다. 미국의 위대한 철학자 펄 베일리Pearl Bailey가 이야기했듯, "그들이 생각하는 자기 자신의 모습은 틀렸다." 그들의 보상 과잉은 내가 이야기하는 바와 다르다. 인간성을 만들어내는 일은 자기강화를 통한 것이 아니다. 이 일은 바로 타인이 인정하든 인정하지 않든 상관없이 자신의 이익이나 재능, 소명을 명예롭게 펼치기 위해 스스로의 삶을 시작하라는 소환장에 답하는 것이다.

스미스소니언 미술관을 지날 때, 나는 항상 그곳에 있는 조각 작품을 보고 감명받는다. 그 작품의 이름은 바로 '천년 총회 국가들의 셋째 하늘의 왕좌The Throne of the Third Heaven of the Nations' Millennium General Assembly'다. 이 작품에는 연방 정부의 관리인이던 어느 훌륭한 남자의 일생이 담겨 있다.

이 작품을 만든 제임스 햄튼James Hampton은 낮에는 건물 바닥을 쓸고 화장실을 청소하면서 밤에는 하느님과 비전이 자신을 이끄는 대로 나아갔다. 그는 자신이 담당하던 구역에 버려진 수천 개의 껌 종이나 지나가던 관람객들이 버리고 간 휴지조각들을 주워가면서 서두르지 않고 천천히 자신만의 거대한 비전을 구상해나갔다. 그와 같이 거대한 비전을 가진 예술가는 없었을 것이다. 심지어 주머니가 두둑한 후원자들의 지원을 받았던 미켈란젤로조차 그만한 비전을 갖고 있지 않았다.

그는 다른 사람들 모르게 조금씩 천천히 자신만의 특별한 천재성을 키워나갔다. 그는 집안에서, 그리고 차고에서 죽을 때까지 다른 사람의 눈에 띄지 않게 자신의 비전을 키워나가며 작품을 만들었다.

(천재란 우리 각자에게 내재해 있는 영적 존재인 정령으로부터 생겨나는 것임을 기억하라. 비록 수년 전 이 정령과의 소통이 끊겼을지 몰라도, 우리의 내면에는 여전히 정령이 존재하고 있다.) 그는 대중의 지지나 명예, 동료들과 소통한 것이 아니라, 온전히 자신만의 거대한 꿈과 소통했다. 때문에 나는 그를 매우 존경한다.

　우리에게는 소명이 주어져 있다. 누군가의 소명은 고통받고 있는 이 세상을 돌보는 일일 수 있다. 또 다른 누군가의 소명은 예술 작품을 만드는 일이 될 수 있고, 또 어떤 이의 소명은 닫힌 문을 열고 마음의 족쇄를 부수는 일일 수 있다. 또 어떤 이들에게는 자연계에 대한 탐구가 소명이 될 수 있다. 또 어떤 이들에게 소명이란 가능한 것들을 제한하려고 하는 경계를 뒤로 밀어내는 일이 될 수도 있다. 우리 모두는 각기 다른 소명을 갖고 있지만, 무엇보다도 중요한 사실은 바로 우리 모두가 거대한 소환장을 받았다는 것이다.

　어린 시절에 우리는 이렇게 느끼곤 했다. 다른 사람에게 있는 것이 내게는 없고, 자신이 하고 있는 일이 무엇인지 다른 이들은 알고 있지만, 나는 그에 대해 분명히 알지 못한다고. 하지만 다른 사람들 역시 자기 자신에 대해 의심해왔고 실패를 경험했으며 도덕적으로 비겁하게 굴었거나 수치스러운 순간을 경험했다. 이러한 사실을 우리는 인정하지 않으려 한다. 우리는 오로지 우리 자신의 여정에서 위험한 순간을 겪을 때만 타인에 대해 예측했던 바를 철회할 수 있다.

　우리가 만나는 사람들 누구나 자신만의 문제를 겪고 있다. 이들은 언제나 다른 사람들이 자신의 문제를 알아채지 못하길 바라며, 그들 스스로도 그 문제를 모른 척할 방법을 찾고 있기도 하다.

　일찍이 우리는 자신의 감정 상태를 부인하는 것이 안전한 대응책이라는 사실을 배운다. 따라서 우리는 곧장 개인적인 권위에 대항함으로써 우리 자신에게조차 낯선 사람이 된다. 우리는 자기부인self-denial의 상태에서 힘들이지 않으며 자라기 때문에 시간이 지나면서 우리가 진짜로 느끼는 바가 중요하다는 사실을 잊어버린다.

　균형을 이루기 위해 우리가 감정을 선택하지 않았다는 사실을 반드시 기억해내야 한다. 감정은 유기체의 관점에서 일이 어떻게 돌아가는지를 알아보는 자율적 반응이다. 우리는 감정을 무시하거나 다른 사람들에게 그 감정을 투영하고 그 감정을 마비시키는 등의 행동을 선택할 수 있지만, 실제로 그런 선택을 하지는 않는다.

이와 같은 근본적인 진실을 하나의 사고방식으로 받아들이는 데는 꽤 오랜 시간이 걸렸다. 감정이 쉽게 묵살되는 분위기에서 살아왔던 나는 감정을 표현하는 것이 긴장되는 상황을 더 불안하게 만들 수 있다는 것을 알게 되었고, 곧 그 감정들을 나와 분리시키게 되었다.

대학 교수로 재직하던 초기 시절에 전환점이 되는 일을 겪었다. 한 학생이 내게 (물론 좋은 의미로) 다음과 같이 말했다. "저도 꼭 교수님 같은 사람이 되고 싶습니다." 그래서 나는 "내 어떤 모습을 닮고 싶은 건가?" 하고 물었다. 그랬더니 그 학생의 대답은 "저도 교수님처럼 아무런 감정이 없는 사람이 되고 싶어요"였다. 그 학생은 나의 그런 모습이 "멋지게" 보였던 것 같다.

비록 나에 대한 그 학생의 평가가 정확했다고 생각하지는 않았지만, 그가 인지하고 있는 내 모습이 그가 바라본 무언가에 근거한 것이었음은 분명했다. 물론 그 모습은 나를 방어해주는 것이라 입증된 수많은 자기충족self-containment의 형태 가운데 일부였겠으나, 이와 같은 완충장치들은 페르소나와 내적 현실 사이에서 병리화된 격차를 만들어왔다.

거대함에 의한 협박을 받아본 기억은 우리 모두를 압박한다. 우리 인생에서 관계, 직업, 생활방식 등을 결정해야 할 때 '이것이 나를 확장시킬까, 아니면 축소시킬까?'라는 질문은 매우 중요하다. 우리는 살면서 우리가 했던 선택들이 보다 작고 안전한 길을 향한 것이었음을 기억한다. 그리고 우리가 이를 기억한다는 사실, 즉 우리 내면의 어딘가가 아픔을 느꼈다는 사실이 그 자체로 계속해서 소환장이 존재한다는 사실을 증명해 보인다.

편향된 선택을 했던 그 어떤 역사적 사실도, 그 어떤 부끄러운 삶도, 자기 파괴적인 선택의 그 어떤 행동 양상도 (심리학적으로) 축소시키는 삶을 살겠다는 변명으로 사용될 수는 없다. 일단 우리가 아는 것은 우리가 기억하게 되고, 우리가 그것에 대해 모를 수는 없게 된다.

다시 말하자면, 거대함을 선택하는 일은 과장이나 확장을 하기 위함이 아니다. 사실 이와는 상당히 반대된다. 이는 안전함이나 적응, 보호 외에 다른 무언가가 우리의 인지를 요구하는 것으로, 우리의 인지를 성장시키기 위한 것이다.

정해진 전통을 따르거나 이미 황폐화된 역사를 위해 두려움의 노예가 되기보다 우리는 반드시 일종의 원대함을 이뤄야 한다는 사실을 이해하게 된다. 그렇게 되면, 타인에 대한 우리의 태도가 변화한다. 우리는 덜 두려워하고, 덜 의심하며, 덜 요구하며 성장하게 된다. 다른 무언가에 대한 소명이 있다는 것을 알고 있기 때문이다.

세상에 대한 두려움은 당연한 것이다. 오직 정신적으로 문제가 있는 사람만이 세상을 두려워하지 않는다. 하지만 만약 우리가 두려움만이 지배하는 삶을 산다면, 그것은 우리의 영혼을 짓밟는 일이 될 것이다.

궁극적으로 우리는 더 큰 자신으로 나아가기 위해 자신의 두려움을 반드시 '통과'해야만 한다. 나는 '통과한다'는 표현을 다시 한 번 강조하고 싶다. 두려움을 통과하는 데는 그 어떤 마법도 존재하지 않고,

장애물을 제거하는 다섯 가지 단계와 같은 일련의 과정도 없다. 또한 두려움을 없애줄 약이나 마취제 또한 존재하지 않는다. 오로지 직접 통과하고 난 뒤에 우리가 그 문제의 반대쪽으로 왔다는 사실을 알게 되는 방법밖에는 없다. 타인의 승인이 없을 경우 내면의 아이가 지배당하고 심지어 압도당하게 된다 해도 결국 그 두려움을 통과해낸 사람은 자신의 내면에서 자기를 지지해주고 승인해주며 앞으로 나아가게 하는 무언가를 발견하게 된다.

프리드리히 니체는 짜라투스트라라는 인물을 통해 독특한 격언을 만들어냈다. 그의 표현에 따르면 우리는 '점점 더 밑을 향해 내려가고 있다.' 우리는 깊은 심연이자 그 심연을 가로지르는 외줄이다. 과연 이 난제들을 어떻게 해결해야 할까? 우리가 오랜 두려움과 오래된 믿음을 사라진 것인 양 취급하고, 할 수 있는 한 최선을 다해 우리의 삶을 살아감으로써 그 두려움을 통과할 수 있다고 생각한다.

나는 '심연'을 통해 니체가 존재의 거대함에 대해 강조한 것이 아닐까 생각한다. 그로부터 약 100년 후에 마르틴 하이데거는 심연이 우리를 삼켜버리는 것이 아니라 '존재의 개방성openness of being'이 우리를 삼키는 것이라 언급했다. 우리가 각자의 콤플렉스나 개인사, 상상력이 부재한 영역에 죄수처럼 머물러 있다면 계속해서 도망자의 삶만 반복하게 되지 않겠는가? 우리가 겁이 많은 자아를 우리 영혼이 의도하는 바의 거대함 앞에 소환할 때, 우리는 심연의 한가운데에 있는 우리 자신의 내면 깊숙한 곳으로 나아갈 수 있다. 즉, 가장 어려운 길을 통과할 수 있다는 것이다.

역사 속 인물들 가운데 우리가 존경하는 이들은 무언가를 통과해야만 했었다. 이들은 그것을 통과했을 때 세상이 달라졌음에도, 그 반대편에 통과해야만 하는 그 무언가가 여전히 존재한다는 사실을 알게 되었다. 그 사실을 깨닫고 난 뒤에야 자신의 가능성을 향해 한 걸음 나아가기 시작했고, 자기 자신의 내면에 있는 에너지가 자신을 지지하고 있다는 사실을 알게 되었다.

모든 세월 동안, 심지어 어린아이였을 때부터 자기 내면의 커다란 자신에 대해 인지했고, 그것과 함께 살아갈 용기를 지녔던 한 여성을 만난 적이 있다. 그녀는 자기 내면의 목소리인 안내 요정을

"TWIHAT"라고 불렀다. 이는 '내가 항상 생각해오던 것That Which I Have Always Thought'의 약자다. 그 이유가 무엇 때문이었는지는 잘 모르겠지만, 이 강한 신념의 체류자는 우리 모두가 내면에 지니고 있는 자신의 목소리를 신뢰했다. 그녀는 그 목소리를 믿었고, 그 목소리대로 살았으며, 힘든 시기 또한 그 목소리와 함께 버텨나갔다. 그리고는 우리 자신의 개성화 과정이나 우리 자신을 안내하는 정신, 작은 것이 아닌 큰 것을 선택하는 일에 우리가 믿음을 가질 때 그러는 것처럼 그 반대편으로 나아갔다. 그러고 난 다음 우리는 우리의 자아가 아닌 세계를 위해 봉사하게 되고, 이 세계에 보다 더 큰 공헌을 하게 된다.

10장

나는 지금 왜
여기에 있는가

10장

나는 지금 왜
여기에 있는가

수십 년 전 치료했던 65세 여성을 나는 절대로 잊을 수가 없다. 첫 진료 상담에서 그녀는 "'나 자신'이라는 단어를 쓰는 것이 망설여집니다"라고 운을 뗐다. 그녀는 계속해서 이렇게 설명했다. 어릴 적 그녀는 매우 엄격한 종교적 환경에서 교육받았고, 당시 '자신'이라는 단어를 사용하는 아이는 훈계나 처벌을 받았다는 것이다.

나는 그렇게 가르쳤던 어른들을 도저히 이해할 수가 없다. 아이들이 건강한 성인으로 자라는 데 어떻게 그것이 도움이 되리라 생각했을까. 이런 식으로 가르침으로써 아이들이 나르시시스트가 되지 않게 하려고 한 것인지도 모르겠다. 하지만, 그들 밑에서 교육받은 아이들은 늘 두려움에 떨어왔고 신경질적인 사람이 되었으며 자신의 권위를 손상시켜가며 자라왔다. 이 모든 사실을 그들도 반드시 알아두어야 한다고 생각한다. 내가 만났던 대부분의 스포츠 코치들 또한 이와 비슷한 경험을 해왔다.

모든 젊은이들에게는 그들을 지지해주는, 긍정적인 태도를 가진 부모가 필요하다. 자녀의 힘겨운 노력을 무산시키며 폄하하는 부모가 아니라 자녀를 전적으로 믿어주는 부모가 필요한 것이다.

자존심에 상처받지 않는 사람은 없다. 이러한 상처는 때로 사람을 황폐하게 만들고, 우리의 인생 전반을 지배하기도 한다. 하지만 어떤 이들은 상처를 통해 굳은 결심을 하게 되거나 성취 욕구를 자극받기도 한다.

융에 따르면, 천재성은 상처에서 발현된다. 다시 말해서, 우리가 겪은 상처가 의식을 자극하고 결심을 하도록 만들어 상처를 압도할 정도의 풍부한 에너지를 만들어낸다는 것이다.

우리가 입은 상처는 우리의 회복력을 약화시킬 수도 있지만 우리가 성장할 기회가 되기도 한다. 중요한 것은 '무슨 일이 일어났는가?'가 아니라 '그것이 어떻게 내면화되는가?'이다. 이는 우리를 행동하게 하거나 행동하지 않게 하는 것이 무엇인지에 대한 물음이다. 이 질문은 동일한 인생의 굴곡을 경험한 두 사람이 정반대의 방향으로 나아갈 수 있다는 것을 증명한다.

우리 대부분이 남들에게 나를 드러내 보이고 싶은 마음을 갖고 있긴 하지만, 그렇다고 모두가 꼭 그런 것은 아니다. 페이스북 시대의 부상에는 자신이 가치 있는 존재로 여겨지길 바라며, 남들에게도 그렇게 보이기를 바라는 간절함이 담겨 있다. 이미 수십 년 전 앤디 워홀이 언급했듯, 미국에서는 모든 사람들이 15분 동안은 유명 인사가 된다. 사람들이 셀카에 집착하는 이유는 자신의 인기와 행동 등을 남들에게 보여주기 위함이다. 이러한 사진들 대부분은 타고난 가치를 지니지 못했다고 느끼는 것에 대한 보상이다.

아이가 대단한 성취를 이뤘다고 해서 그 아이의 부모가 성공적으로 아이를 키웠다고 생각하지 않는다. 자녀가 무엇을 해야 하며, 무엇을 성취해야 한다는 생각만으로 가득한 부모보다 자신이 누구인지에 대해 가치 있게 생각하는 방법을 아는 아이로 키우는 부모가 성공적으로 자녀를 양육한 사람들이다. 쉽게 들릴지 모르지만, 이렇게 아이를 키우는 부모는 사실 보기 드물 정도다.

우리는 우리 자신을 있는 그대로 받아들일 수 있는가? 우리는 이 세상이 목적을 가진 신에 의해 또는 우연에 의해 지배된다고 믿는다. 우리가 무엇을 믿든, 누구에게나 결점이 존재한다는 사실에는 변함이 없다. 그리고 그것이 어떤 결점이든, 우리는 받아들여야 한다.

나는 잊을 수 없을 만큼 강렬한 꿈을 꿨거나 신경증이 재발한 이들에게 여러 차례 이렇게 이야기했다. "내면 어디에서 이 문제가 비롯된다고 생각하십니까?" "내면의 무언가가 당신을 이런 식으로 표현했다면, 이것은 과연 무슨 의미일까요?" 이런 경우를 수없이 봐왔기 때문에 나는 이렇게 묻는다. "내면의 무언가가 의지, 즉 의식적인 삶과는 별개로 존재한다는 사실을 이제 아시겠습니까? 내면의 무언가가 당신을 보고, 당신에 대해 묻고 있는 것이 보이지 않나요?"

우리를 괴롭히는 꿈은 내면에 존재하는 거대한 무언가가 우리에게 존중과 대화를 요구하는 자발적인 표현이다.

우리는 모두 타고난 재능을 지니고 있다. 재능은 우리가 존재하기 위해 필요한 것이며 우리가 이미 알고 있는 온갖 단점, 실수, 두려움을 포함한다. 대부분의 종교가 미치는 치명적인 영향들 가운데 하나는 바로 부끄러움을 느끼도록 한다는 것이다. 수많은 부모들도 별 생각 없이 자녀들에게 부끄러움을 느끼게 하는 것을 완벽 추구를 위한 불가피한 훈계 방법으로 사용하고 있다. 하지만 그 누구도 완벽이라는 모델을 따라 살 수는 없다.

결국 우리는 부끄러움이나 과잉보상, 자기태만의 늪을 유영하게 된다. 그 65세 여성이 '자기'라는 단어를 사용하는 일에 벌벌 떨었던 것은, 결국 그녀가 어른들의 왜곡된 메시지를 따르고 있었기 때문이다.

우리는 환경에 적응하기 위해, 다른 사람들에게 받아들여지기 위해, 부모님의 자랑스러운 존재가 되기 위해 이 자리에 있는 것이 아니다. 우리 자신이 되기 위해 이 자리에 있는 것이다. 때로 그렇게 하는 것이 좋지 않아 보일 수도 있지만, 이것이 솔직한 이야기다.

누군가는 이 세상에 공유할만한 특정한 재능이나 능력을 지니고 있겠지만, 나는 지금껏 타인을 부러워한 적이 없다. 단 한 번도 나 자신이 아닌 다른 누군가가 되고 싶다고 바라지 않았다. 나는 내가 얼마나 결점이 많은 사람이며 살면서 얼마나 많은 실수를 해왔는지를 알고 있지만, 나는 내가 누구인지 알며 내가 하는 일이 변변치는 않아도 다른 사람들에게 줄 수 있는 선물이라는 것을 안다.

내가 부러워하는 단 한 가지 예외는 바로 음악을 만드는 예술가들이다. 내게 있어 음악이란 온전히 초월적이며 이 세상을 위한 상징적인 선물이라고 느껴지기 때문이다.

　우리가 각자의 재능에 대해 생각할 때, 우리는 보통 무엇이 온전히 받아들여지는 것이며 무엇이 예외적인 것인지 혹은 무엇이 인정받을 수 있는 것인지를 생각한다. 이와 같은 행동의 극단에는 암살이나 테러 또는 그 외 끔찍한 행동들을 통해 유명해지고자 하는 모습도 존재한다. 리 하비 오스월드(케네디 대통령 암살범. 유명인이 되고 싶은 욕망이 그의 범행 동기로 추측된다._옮긴이)나 가브릴로 프린치프^{Gavrilo Princip}(세르비아의 민족주의자. 사라예보에서 오스트리아-헝가리제국의 왕위 계승자인 프란츠 페르디난트 대공 부부를 암살했다._옮긴이)와 같은 이들이 그렇다. 현대의 사람들이 수천 장의 셀카를 찍어 페이스북에 남기는 것처럼, 그들은 극단적 행동을 통해 역사에 자신의 이름을 남겼다.

　이들이 보이는 행동은 모두 동일했다. 이들은 다른 사람들에게 자신을 드러내 보이기를 원했고, 가치 있는 사람으로 여겨지고 싶었으며, 뭔가 있어 보이는 사람이 되고 싶었던 것이었다. 분명 이와 같은 욕망이 존재할 수는 있겠으나, 명예나 지위, 인기라는 목표 자체는 매우 망상적이며 위험한 것일 수 있다.

우리의 재능은 이런 부분이 아니라 우리가 매일매일을 보내고 있는 초라한 일상을 통해 가장 잘 드러날 것이다. 내가 누구인지, 당신이 누구인지 바로 그 자체가 재능이다. 허세를 부릴 필요도, 과장할 필요도 없다. 허세나 과장은 자기회의에 대한 보상일 뿐이다.

예수회 신부였던 제라드 맨리 홉킨스는 이와 같은 사실을 이미 19세기에 확인했다. 탁월한 시인이기도 했던 그는 자신의 시 '물총새에 불이 붙듯'에서 재능이 드러나는 순간을 다음과 같이 묘사했다.

모든 피조물은 한 가지 같은 일을 한다.
각자 내면에 거주하는 제 존재를 밖으로 내보낸다.
자기 스스로를 발현한다. 그것이 '나'라고 명시한다.
'내가 하는 것이 나이며, 그 때문에 내가 왔다'고 외친다.

홉킨스는 특유의 시적 감수성과 은유적 도약을 통해 '자신self'이 개체나 명사가 아닌 동사임을 이해한다. '자신'은 '정체성을 찾는 과정^{selving}'에서 스스로를 드러낸다. 마치 알뿌리가 스스로 꽃을 피우듯, 의식의 도움이나 방해에도 관계없이, 우리는 자연스럽게 '자신'을 확장한다. 자아^{selfhood}는 영원히 우리에게 내재하며 스스로를 세상에 드러낼 것이다.

"내가 하는 일이 바로 나다. 그래서 내가 여기에 있는 것이다"라는 외침은 과잉보상도, 필사적 행동도 아니다. 오히려 그 반대로, 겸허한 행동이다.

어떤 이들은 지성이나 소질, 온갖 종류의 성취라는 재능을 통해 외부적으로 자신을 표현하려고 한다. 15분 동안의 유명세가 필요한 이 세상은 애초부터 자신만의 가치를 타고나지 못한 것에 대한 보상이라 할 수 있다. 하지만 대부분의 경우, 이 세상을 위해 우리가 타고난 재능은 집단 전체를 위해 조그마한 조각을 더하는 모든 순간에서 자연스럽게 드러난다.

우리의 재능은 지극히 개인적인 반성의 시간을 통해 발견될지도 모른다. 이때는 각자의 자기도취적인 충동을 억제하게 된다. 또한 주어진 환경이나 그들을 약화시키는 메시지들에 맞서 몸부림치며 주춤

하고 있는 다른 이들에게 연민을 느끼는 순간에도 우리의 재능을 찾아볼 수 있다.

　최근 프란치스코 교황을 직접 뵐 기회가 있었던 나는 그의 모습에 감동받았다. 화려한 행사 도중 노약자나 장애인, 세상으로부터 버려진 영혼, 콘크리트 벽에 갇힌 죄수들을 응원하는 메시지를 몇 번씩이나 대중들에게 전했기 때문이다.

　이들은 모두 가치를 지닌 사람들이며, 잊히고 내버려졌지만 이 성인의 눈에서만은 잊히지 않고 아른거리는 존재들이다. 교황이 보인 행동은 다른 종교를 믿는 수많은 사람들에게도 감동을 주었다. 우리 각자가 이 고된 세상에 가져다줄 수 있는 진정한 재능이 어떤 것인지를 그가 상기시켜주었기 때문이다.

　차별받는 사람들에 대한 지지는 감상에 젖은 행동이 아니다. 모든 존재의 본질적인 존엄성을 기리는 일이며, 인간의 역사에서 그동안 찾아볼 수 없었던 특별한 조각 하나를 다양한 방식으로 거대한 퍼즐에 맞추는 일이 된다.

　이런 식으로 이야기하는 사람들이 많다. "늘 그렇게 하고 싶었죠…." 책을 쓰고, 피아노를 배우고, 비행기를 타고 날아가고 싶었다고. 하지만 이 문장들 다음에는 '그렇지만'이라는 단어가 뒤따른다. 이 단어는 그 상황을 도피하고 부정하며 억제하고 무시하는 의미를 내포한다. 따라서 이는 우리에게 익숙하고도 오래된 길로 빠져나가는 것을 선택하는 길이다.

"그렇지만"이라는 말은 우리를 본질적인 자아로부터, 타고난 재능으로부터 멀어지게 하는 지침과 두려움, 오래된 메시지를 숨기고 있다. 눈부신 성과를 요구하기보다 우리가 타고난 재능이 무엇인지 물어야 한다. 우리의 가장 소중한 재능을 깨닫는 순간, 우리는 진짜 자신의 모습 앞에 겸허할 수 있다.

자기만의 길을 가고, 정해진 틀에 맞추지 않으며, 자신의 목소리에 귀를 기울이는 일은 우리의 재능과 개성을 삶의 중심으로 가지고 오겠다는 신호다. 쉬운 일처럼 보일 수 있지만, 사실 이는 매우 어렵다.

우리를 무능하게 만드는 과거의 메시지들 때문만이 아니다. 재능을 키우며 살기 위해서는 우리 내면의 재능이 충분히 탁월하고 현명하며 강인한 것이라는 사실을 믿을 수 있어야 한다. 세상이 우리를 통해 표현하고자 하는 것을 감히 어떻게 무시한다는 말인가. 우리가 저항하지 않는다면, 우리의 재능은 두려움이라는 어둠이 내린 무채색의 세상을 환하게 밝혀줄 것이다.

11장

성인이 된다는 의미는
무엇인가

11장

성인이 된다는 의미는
무엇인가

가끔씩 "내 인생은 왜 이런 걸까?" 혹은 "나의 인간관계는 왜 쉽게 끝나버리는 걸까?", "열심히 노력할 때조차 왜 인생이 만족스럽지 않은 걸까?" 하고 물을 때가 있지 않은가? 만약 이런 질문들 혹은 이와 유사한 질문들을 해보지 않은 사람이라면, 다행스럽게도 이에 대해 인식하지 못하고 있는 중일 수도 있고, 나중에 이러한 질문을 계속해서 하게 될지도 모른다.

융은 무의식 상태로 존재하는 것은 용서할 수 없는 죄나 마찬가지라고 이야기했다. 우리가 마침내 너무도 명백한 사실을 스스로 인정하게 될 때, 즉 우리가 인생이라는 드라마 속 유일한 주인공이라는 사실을 인정할 때, 우리는 의식적으로 우리 인생을 책임지는 사람이 될 수 있다.

우리에게 무슨 일이 일어나는지, 무의식 속에서 어떤 일이 일어나고 있는지 알 수 있는 가장 좋은 방법은 바로 우리의 행동양식을 확인해보는 것이다. 우리는 매일 아침 일어나면서 오늘도 바보 같고 엉터리 같은 자기파괴적인 일들을 하게 되리라 생각하지는 않는다. 하지만, 하루를 다 보내고 지난 하루를 되돌아보는 시간을 갖게 된다면, 정확하게 예전과 똑같은 행동들을 했다는 사실을 알게 된다. 다시 말해, 자기파괴적인 일들을 오늘도 반복했다는 사실을 깨닫게 될 가능성이 크다는 것이다. 왜 그러는 것일까?

이 책의 앞부분에서 언급했던 내용을 기억해보자. 유아 시절부터 현재까지, 우리는 주변의 세상을 세상과 우리 자신에 관한 메시지라고 '읽는다.' 이와 같은 현상학적 읽기는 물론 수많은 변수들, 즉 우리에게 보이는 세상의 다양성, 구체적으로는 문화 및 개인적인 맥락, 우리 주변의 사례들, 우리의 유전적 특징이나 성격으로 인한 독특한 요소 등에 영향을 받는다. 따라서 동일한 외부 사건이 각각의 개인들에게 매우 다르게 내면화될 수 있고, 다른 메시지로 전달될 수 있다.

이러한 읽기는 우리가 세상을 보는 지도가 되고 세상과 자아를 이해하는 방식이 되며 세상과의 약속이 된다. 물론, 이것은 매우 변하기 쉽고 편파적이지만, 우리가 세상을 바라보고 해석하고 지시를 얻는 렌즈 역할을 한다. 따라서 우리는 그 지도와 명령, 진격 명령에 따르는 노예, 심지어는 포로가 된다.

누군가에게 핵심 메시지는 이렇게 지시하는 것처럼 보인다. "보이지 않게 숨어. 너는 중요한 존재가 아니야. 너 자신을 위험에 노출시키지 마." 매일매일 반복되는 이 같은 핵심 메시지는 도망자의 삶을 살게 한다. 이런 삶은 가능성을 약화시키고 계속해서 실망감을 안겨준다.

또 다른 누군가에게 핵심 메시지는 이런 것이다. "책임감을 갖고 직접 참여해. 화재 현장에서 불을 끄고 다른 사람을 도울 책임이 바로 너에게 있어." 이런 사람은 나중에 자신의 삶이 자기 자신의 삶보다는 다른 사람들의 해결되지 않는 문제들에 도움이 되었다고 종종 생각하게 된다. 그리고 또 다른 누군가에게 핵심 메시지는 이렇게 해석된다. "남들의 눈에 띄는 스타가 되어라. 네 부모님의 불행한 삶을 네가 보상해드려야 한다. 너의 삶은 그다지 중요하지 않아. 중요한 것은 바로 부모들이 겪었던 슬픔과 상실, 아픔으로부터 네가 어떻게 그분들을 구해내는가 하는 점이야."

인간이라는 유기체는 매우 보수적인 성향을 갖고 있다. 계획되지 않은 일에 대해 예측 가능한 것을 선호하며, 알지 못하는 것보다는 알고 있는 것을, 낯선 것보다는 친숙한 것을 선호한다. 때로 무언가가 갑자기 우리 안에서 세상에 나오고 싶다고 하면서 불쑥 나타나기도 한다. 그 충동은 사라질 때까지 다른 기관들로부터 기각당하고 거부되며 전환되는 식으로 방해받는다.

　누구나 예측 가능한 결말이 있는 현 상태를 고수하고 싶어 한다. 우리가 자기태만을 보이는 이유 가운데 하나는 걷잡을 수 없는 두려움 때문이다. 이 두려움은 우리의 귀에 대고 다음과 같은 달콤한 이야기를 속삭인다. "네가 이걸 할 수는 없어. 어떻게 네가 이 일을 할 수 있다고 생각하지? 이걸 한다면 넌 결국 고립되고, 사랑하는 사람도 잃게 될 거야. 그리고 다른 사람들은 너를 이해하지 못하겠지. 넌 결국 외롭게 혼자 남게 될 거고, 실패를 겪은 넌 우스꽝스러운 꼴이 되고 말거야."

　우리 모두는 이런 목소리를 잘 알고 있다. 만약 이런 목소리가 의식적으로 들리지 않는다면, 무의식을 통해 우리에게 계속해서 속삭이고 있을 것이다.

힘들고 어두운 영혼의 밤을 지나던 어느 내담자를 기억한다. 그는 매우 열심히 살아왔음에도, 가까운 친척의 지나친 기대 때문에 남들로부터 좋지 않은 평판을 들어야 했다. 최선을 다해 가족을 보살폈고 종교적 훈련에도 충실했으나, 그는 자살을 시도할 정도로 심각한 우울증을 겪었다. 그가 모든 일을 제대로 해왔고, 자신이 반드시 해야만 하는 일들을 했었던 것이라면, 왜 그는 어둠과 약속이나 한 듯, 그처럼 고통스러운 시간을 보내야 했던 걸까?

깜깜한 밤바다를 돌아다니는 여정 한가운데에서, 그는 꿈을 꾸었다. 그 꿈에서 자신이 물속 깊은 곳으로 들어가는 모습을 보았다. 물속 깊은 곳에서 숨을 쉬면서 자신이 점점 더 밑으로 내려가고 있음을 의식할 수 있었다. 자신의 개인사가 번쩍이듯 스쳐 지나갔다. 그리고 난 뒤 그는 바다 저 끝 해저에 있는 해골 이미지가 그에게 이렇게 말하는 것을 보았다. "이제 돌아갈 시간이 왔다." 그러고 나서 그는 꿈에서 깨어났고, 예언을 던지는듯한 이상한 메시지에 당황스러움을 느꼈다.

무엇이 바뀐 걸까? 이 모든 것이 의미하는 바는 무엇이었을까?

그의 꿈을 해석해보자. 그의 인생 초기에 그에게도 직업적 소명이 찾아왔었다. 하지만 그는 젊은 시절에 보다 안전한 길을 택하고자 갑작스럽게 직업을 바꿨다. 그가 자신의 삶에서 방향을 바꾼 그 순간을 뒤돌아보면서, 스스로에게 왜 그 선택을 했어야만 했는지 물었다. 그가 스스로 했던 대답은 바로 두려움에 항변하려 하다가 결국 원래 하던 방식대로 선택하게 되어 자신의 소명으로부터 멀어질 수밖에 없었다는 것이었다.

그 두려움은 무엇에 관한 것이었을까? 그 두려움은 인정받으려는 욕구 또는 사람들의 동의를 얻으려는 욕구로 미루어 짐작해볼 수 있다. 결국 그 두려움은 스스로를 연약하게 만들어 소명을 따르지 못하도록 만들었을 것이다. 그리고 그는, 우리 모두가 결국 같은 방식으로 선택하는 것과 마찬가지로, '의식적으로 고르지 않고' 선택했다.

그는 결국 보다 안전하고 덜 험난한 여정을 택함으로써 자신의 영혼이 실망감을 느끼도록 했고, 자신의 정신이 강력히 반발하도록 했다. 자신은 '옳은 선택'을 했다고 생각했지만, 결국 그의 선택은 옳지 않았던 것이다.

우리 또한 대부분의 상황에서 이와 같은 선택을 한다. 우리는 각자에게 매우 익숙한 것을 선택하고 기존의 패러다임을 따른다. 심지어 이런 것들이 권태나 지루함, 우울로 이어진다 하더라도 이미 알고 있는 것을 고수한다.

우리 존재의 상당 부분을 차지하고 있는 무의식의 자율성이나 평가, 비판 없이는 우리에게 옳은 것이 무엇인지 절대로 알 수 없을 것이다. 그 누구도 의도적으로 잘못된 길, 즉 영혼의 소환장을 부정하는 길을 선택하지는 않는다. 하지만 반복해서 이런 선택을 하는 이들도 많이 있었다.

내가 2년간 상담을 진행해온 어느 여성 내담자는 최근 들어서야 자신의 원통함을 인정했다. 그녀는 중견기업에서 책임이 큰 고위직까지 오른 사람이었음에도, 남들이 자신에 대해 기대하는 바에 비춰보면 자신이 여전히 어린 소녀 같다고 생각하고 있었다.

회사에서 막중한 책임을 진 임원으로 일하고 있음에도 왜 그녀는 자신을 여전히 작고 어린 소녀라 생각하고 있는 것일까? 그녀 내면의 무언가가, 그리고 우리 모두가 지닌 내면의 무언가가 여전히 따라붙어 다니고 있었기 때문이다. 우리는 정해진 대본을 따르고, 옳은 일을 하며, 반드시 해야 하는 일을 하면 행복$^{well-being}$으로 향하게 될 것이라고 생각한다. 그렇게 할 때 우리는 보상을 받게 되며 만족하게 되고 (수많은 다른 이들도 그렇게 해야 한다고 간주하듯) 진정한 성인이 될 수 있다고 생각한다.

성인이 된다는 것은 몸이 자라거나 인생에 있어 중요한 역할을 수행하는 일 이상을 의미한다. 이처럼 설득력 있는 (대부분이 무의식적인) 메시지들에 직면하게 되었을 때 우리는 가장 흔히 나타나는 메시지들을 회상하고, 이 메시지들은 파괴적인 패턴들을 만들어낸다. 우리는 그 메시지들로부터 도망쳐 나와 우리의 인생을 보상하고자 한다. 즉, '오로지 어머니와 같은 삶'을 살려 하거나 '아버지의 인생을 절대로 되풀이하지 않겠어'라는 생각으로 사는 것이다. 하지만 우리는 여전히 자신이 원하는 바가 아닌, '타인'에 의해 정의 내려지는 삶에 머물게 된다.

이 타인은 우리의 삶에 지나치게 영향력을 행사하는 이들이다. 우리는 문제를 '해결'하려고 하며 다양한 종류의 진통제를 사용하여 어지럽고 복잡한 삶을 살거나 타인의 문제를 해결(이는 서비스업에 종사하는 사람들이 흔히 사용하는 전략이다)하고자 한다.

첫 번째 성인기는 대부분 이와 같은 메시지와 우리가 봐왔고 내재화한 생활양식들, 가족이나 종교 제도, 문화적인 맥락 등을 통해 얻은 지침들에 의해 지배된다. 이 같은 성인기가 아무리 진실한 여정이며 이 메시지들을 충실하게 따르는 일이 '성공적인' 인생을 사는 것이라 할지라도 이를 진정한 성인기 혹은 우리가 진정으로 살아야 하는 인생 여정이라 부를 수 있을까?

두 번째 성인기는 어떤 이유에서건 책임을 추궁할 일이 있을 경우에 찾아온다. 결혼생활이 원만하게 유지되지 않거나, 정서적으로 장애를 겪거나, 새벽 3시에 갑자기 극도로 공허한 감정을 느끼는 순간이 그렇다. 이처럼 망치로 내리치는듯한 타격은 두 번째 인생, 즉 지금까지와는 또 다른 성인기로 전환할 가능성이 열리기 시작했다는 것을 의미한다.

두 번째 인생은 다른 사람으로 변화하는 간단한 변화 과정이 아니라 마치 강이 거꾸로 흐르기 시작하는 것처럼 가치관이 완전히 전환되는 것이다. 과거의 상태, 즉 익숙한 대본은 계속된다. 과거의 상태는 지속하는 힘이 상당하기 때문에 아주 사소한 행동의 변화나 인지적인 변화를 가져오는 일은 결코 쉽지 않다. 변화를 부정하는 일은 과소평가될 수 없을 정도다.

이렇듯 지배적인 힘에 의해 불안이 관리되는 상황을 경계해야 한다는 사실을 깨닫기 위해서는 상당한 고통과 의지, 삶이 변화할 정도의 환경이 수반된다. 만약 영혼이 실제로 존재한다면, 변화를 향해서 보다 진정한 입지를 다지는 데 궁극적으로 영향을 주는 것이 바로 영혼이리라.

융은 신경증이란 항상 진정한 고통으로부터 회피하려고 하는 데서 생겨난다고 언급했다. 그 어떤 사람도 고통을 느끼길 바라지 않는다. 하지만 융이 관찰한 바에 따르면 진정한 고통과 가짜 고통 사이에는 분명한 차이가 존재했다.

죽음과 부활의 과정을 겪은 사람들로 역사는 가득 채워져 있고,

나 역시 그것을 직접 경험해왔다. 지난 40년 동안 수십 명을 분석하면서 나는 다음과 같은 특정한 소멸을 경험하지 않고서는 앞으로 나아갈 수 없다는 사실을 발견했다.

예를 들면, 우리가 자신의 모습이라 생각했거나 그런 모습이 되어야만 한다고 생각했던 그 모습이 사라져야만 한다. 또한 우리가 신뢰하며 가치 있다고 생각했던 세상, 주변 사람들의 사랑과 인정을 얻으면 평화롭고 만족감 있게 종착지에 다다르리라 생각했던 기대감 같은 것들이 사라져야 한다.

하지만 우리 인생은 다른 계획을 갖고 있는 것처럼 보이며, 실제로 우리의 영혼은 그와 다른 계획을 갖고 있다. 우리가 그러한 깊이 있는 암시와 소환을 무시하거나 그냥 지나친다면 엄청난 대가를 치러야만 한다.

우리는 피하려 하거나 집단에 적응하는 식으로 혹은 평범하고 일반적이며 다른 이들에게 수용 가능한 쪽을 따르는 식으로 우리 자신을 파괴하고 있다. 우리 삶의 이러한 상황들 속에서 자기파괴적인 패턴을 인식하는 것, 이는 시작에 불과하다. 이와 같은 정신적 반사작용들, 즉 콤플렉스들은 우리의 남은 생에 항상 따라다닐 것이다.

　나는 동일한 주제나 같은 이미지에 대한 꿈을 반복해서 계속 꾼다는 사람들의 불평을 자주 듣곤 한다. 그럴 때 나는 이렇게 답한다. "그럼 당신은 다른 사람의 꿈이나 다른 사람이 갖고 있는 문제에 더 관심이 있나요?" 사람들은 아마도 특정한 문제를 통과해내지 못한 자신을 질책할 것이다. 그리고 과거의 오래된 문제들이 예측할 수 없는 방식으로 고개를 들고 나타날 때, 지금껏 그들이 쓸데없는 일을 했다고 느낄 것이다.

　이와 같은 순간들은 피할 수 없다. 최근 출간한 책에서 나는 이와 같은 순간들을 '유령의 출몰'이라고 불렀다. 그 이유는 우리가 다양한 종류의 유령들이 존재하는 역사적 구조에서 살고 있기 때문이다. 친근한 유령들, 해로운 유령들, 그리고 우리 앞의 길을 가득 메우고 있는 타인이라는 유령들과 다른 시간의 유령들, 다른 장소의 유령들이 존재하고 있다.

　자기 자신을 파괴하는 패턴을 인식하는 것이 바로 첫 번째 단계다. 그리고 나서 우리의 남은 평생을 위해 그 패턴을 책임지게 된다.

이를 책임지는 데는 위험과 용기, 인내가 따르며, 오랜 시간이 걸린다. 어떤 날은 보다 확장된 삶이 이길 가능성이 있겠지만, 또 다른 날은 유령이 이길 가능성도 있다.

우리는 매일매일의 삶이 전쟁이라는 사실을 알아야만 한다. 이 전쟁은 역사의 긴장감 있는 대화와 영혼의 공해(公海)로부터의 초대 사이에서 벌어지는 전쟁이다. 하지만 이와 같은 모험은 우리의 인생이 어떠한 것이며, 진정한 성인기란 어떠한 것인지, 그리고 영혼의 여정이 요구하는 바가 무엇인지를 대변해주는 역할을 한다.

12장

나는 어떻게 불려야 하는 존재인가

12장

나는 어떻게 불려야 하는
존재인가

자아와 세상에 대한 이미지는 일찍이 특정한 틀에 맞춰져 왔다. 지금까지 그래왔듯, 맞춰진 틀 바깥에 존재하는 더 큰 세상을 우리는 거의 볼 수 없다. 그렇기 때문에 우리는 각자의 내면에 존재하는 또 다른 자율적 지성을 인정하고 존중하며 대화를 시작해야 한다. 내면의 자율적 지성은 지금껏 우리의 안위를 위해 큰 역할을 해왔고, 그 나름의 현명한 방식을 지켜왔기 때문이다.

이는 전지전능해 보이는 자아가 실제 우리 삶의 주인이 아니라는 사실을 깨달아야 한다는 것을 의미한다. 한밤중에 갑자기 충돌을 일으키는 다양한 기관들이 우리 몸에 존재하고, 그 문제들을 해결하는 특별한 기관들 또한 존재한다. 그뿐 아니라 이 세상에서 살아남아 이곳을 장악하려고 하는 인간이라는 유기체 내의 수많은 치유기제들이 일상을 재조정하기 위해 작동하고 있다.

이와 같은 기제들에는 꿈이나 증상 등이 있다. 이 두 가지 모두 자발적이며 본질적인 정신의 표현으로, 진정성 있고 존중을 표현하면서도 겸손한 대화를 수반한다. 이 기제들은 우리 존재에 대한 신비를 푸는 보다 깊이 있고 풍부한 경험과 광범위한 시각을 우리에게 제시

해줄 수 있다.

"나를 위한 보다 더 큰 그림은 무엇일까?"라는 질문에 우리 대부분은 이런 생각을 떠올릴 것이다. '학교를 통해 대출을 받을 수 있을까? 내 인생을 완벽하게 만들어줄 파트너를 찾을 수 있을까? 만족감이나 행복을 얻을 수 있을까?' 물론 우리가 가진 콤플렉스나 방어기제들이 중요하긴 하다. 하지만 이런 것들이 여전히 삶이라는 커다란 전체에서 아주 조그마한 일부를 차지하는 사소한 걱정거리들에 의해 생겨난다는 것을 감안해볼 때, 우리는 우리 삶의 보다 커다란 부분 어디쯤과 관계를 맺고 있는 것일까?

우리 부모님의 보다 큰 그림은 무엇인지 생각해보자. 과연 어떤 답이 나오는가? 예를 들어, 우리의 걱정거리나 근심거리, 선입견, 강박적인 행동들이 부모의 걱정거리와 동일할 수도 있다. 이는 그들의 걱정거리를 우리가 반복하고 있다는 뜻이다.

우리가 부모의 걱정거리들을 내면화함으로써 동일한 걱정을 하게 된 것이 아닐? 우리 부모 시대의 본보기는, 우리가 현 시대의 문제나 가치에 사로잡혀 있는 것과 별개로, 그들 시대의 문제나 가치에 의해 자연스럽게 생겨난 것이다. 예를 들어, 우리 부모님 세대에게 집 단의 영향력과 역할은 우리 세대가 받아들이는 것보다 훨씬 더 강력 했다. 그들에게 집단의 기대로부터 동떨어지는 일은 마치 지옥에 떨 어져버린 것과 같이 여겨졌다.

따라서 우리 부모들은 자신들이 생각하는 바나 열망하는 바, 혹은 고통받는 일이 어떤 것이었든 대부분 개인적으로 조용히 행해나갔 다. 타 종교를 믿는 사람과 결혼하거나 다른 인종과 어울리거나 또는 다른 가치를 지닌 사람들이 자신의 가치관을 내세우면서 집단으로부 터 동떨어진 행동을 할 경우에는 반대하는 목소리와 그것을 위협하 는 견해가 항상 뒤따랐다.

얼마 전에는 다음과 같은 일이 있었다. 미국에서 유명한 한 여성 인사가 내 동료에게 융센터Jung Center에서 열리는 수업이나 강연에 자기는 절대로 참여하지 않겠다고 말했다는 것이다. 융 전문 분석가 로부터 부부 심리상담을 받았던 자신의 자녀가 결국은 이혼하게 되었기 때문이었다. 다시 말해, 그녀는 자녀가 스스로의 삶을 결정할 권리는 물론이고 자녀의 영혼을 위한 가장 좋은 방법이 무엇인지에 대해서도 전혀 고려하고 있지 않았다.

그녀의 이야기에 따르면, 무슨 일이 있어도 그 부부를 헤어지지 않도록 만드는 것이 심리치료사의 역할이었다. 나는 우리 부모 세대들이 살던 세상 자체를 비난하려 하는 것이 아니다. 그보다는 그 세대들에 대한 안타까운 마음이 먼저 든다. 이들에게 세상이란 사회화된 역할이나 범주, 정해진 대본, 기대치에 의해 제한된 곳이었고, 정해진 바를 따르지 않는 자에게는 매우 가혹한 처벌이 가해졌기 때문이다.

나는 부모 세대의 '거대한' 종교적인 그림 또한 오히려 작은 편이었다고 생각한다. 심지어 오늘날까지도 주류에 속한 종교들이 신자들을 상당수 놓치고 있다. 어떤 이들은 세속적인 세상의 유혹으로 인해 이탈하기도 했고 또 어떤 이들은 종교 밖에 보다 큰 세상이 존재하며 자기 부족의 가치보다 더 큰 가치가 존재한다는 사실을 알게 되

었다. 이제 우리는 조상들의 역사적인 시각에 의해 더 이상 구속받지

않게 되었다.

　적어도 서구 사회에서는 유일하게 조직화된 종교들이 성장 및 번

영하고 있으나, 이들 종교는 다음의 두 가지 관점에 기반하고 있기에

점점 그 권위를 잃어가고 있다. 그 한편에 근본주의자들이 있다. 이

들은 오래된 가치와 규범적인 윤리, 오래된 권력 구조를 재구성함으

로써 현대 및 탈현대 사회 변화의 움직임에 대응한다. 이들 공동체는

실제로 경험한 바나 진정한 확신에 의해서가 아니라 '치료 계획'에

의해 움직인다. 이 계획은 비록 제한되어 있지만, 알려진 세계와 그

세계가 포함하고 있는 선택지들을 재구성한다.

　여전히 부상 중인 제도적 종교의 다른 한편에는 세속주의, 번영

의 복음, 근사하게 치장된 동기부여의 목표, 잘 짜인 프로그램으로 사

람들을 교묘하게 끌어들이는 이들과 손잡은 사람들이 존재한다. 이

들은 하늘 위에 계신 전지전능한 분을 따르면 그가 우리를 행복과 번

영, 평화의 길로 이끌어줄 것이라고 이야기한다. 이들의 제안은 매우

유혹적이다. 하지만 이들이 제시하는 풍요로움은 솜사탕처럼 금세

사라지는 속성을 지니고 있어 결국 마지막에는 모래와 같은 쓴맛을 남길 뿐이다.

둘 중 어느 '큰 그림'이 더 좋지 않은 것일까? 전지전능한 것처럼 느껴지는 부모 콤플렉스를 적용해 사람들을 어린아이 취급함으로써 죄책감을 느끼게 하고, 자신을 부정당하며 가치 없는 사람이라 여기도록 하는 쪽일까? 아니면 고요한 길을 제시하지만 결국 우리 모두가 피해갈 수 없는 어둠의 시간에 빠지도록 함으로써 우리를 배신하는 쪽일까? 우리를 어린아이 취급하는 쪽과 우리를 지극히 평범하게 만드는 쪽, 둘 중 어느 쪽이 더 나쁜 것인가? 이처럼 왜곡된 두 방향 중에서는 어느 하나를 고르는 일도 쉽지 않다.

분명 지금까지 우리는 인생의 여정에서 만나게 되는 불안을 해결하기 위해 다양한 방식으로 노력해왔다. 라인홀트 니버_{Reinhold Niebuhr}의 '평온을 비는 기도'에서부터 동양의 명상, 마약 등과 같은 약물에 이르기까지 불안을 치료하는 방법은 매우 다양하다. 게다가 우리는 24시간 쉬지 않고 떠들어대는 대중문화를 만들어 기분 전환이나 오락의 기회를 제공하고 있다. 이는 마치 진통제와 같은 역할을 한다.

그렇다면, 이제는 과연 무엇이 우리에게 거대한 그림이 되어줄까?

앞서 우리가 전통적으로 종교라 표현해왔던 것을 떠올려보자. 우리가 어떤 종교에 몰두하고 있든, 종교에 관심이 없든, 신앙고백자이든 상관없이 본래 인간은 종교적인 생명체라는 사실에 나는 동의한다. 신학자 폴 틸리히Paul Tillich는 《조직신학》에서 종교란 우리가 '궁극적 관심'에 대해 표현하는 것이라고 강조했다. 만약 누군가의 궁극적 관심이 물질적인 풍족함을 얻는 일이라면, 수많은 사람들이 그에 대해 예찬할 것이다. 우리는 역사상 그 어느 때보다도 더 많은 것을 소유한 사람들에 둘러싸여 있다. 그렇다면, 과연 그 사람들의 삶은 어떠한가? 또한 그들의 영혼은 어떠한가?

최근 진행된 연구에 따르면 미국에서 상대적 행복을 얻기 위해 필요한 연간 소득이 5만 달러쯤 된다고 한다. 그 소득 구간을 넘어서는 단계들에서 행복이 눈에 띄게 증가하는 경우는 찾아볼 수 없었다. 다시 말해, 우리가 먹고 입고 잠을 자기 위해 필요한 것들은 많으면 많을수록 좋겠지만, 필요한 것 이상으로 훨씬 많아진다고 해서 무조건 좋은 것은 아니라는 뜻이다.

이것이 우리에게 의미하는 바는 과연 무엇일까?

우리 모두에게는 보다 큰 그림을 갈망하는 무언가가 존재한다. 우리 내면에는 관계 맺기를 희망하고, 일상생활의 사소한 것들, 즉 우리의 시스템을 작동하게 하는 사소한 것들이 재구성되기를 바라는 무언가가 존재한다. 우리가 위대한 종교라 부르는 거대 산업은 지혜의 선집과 시대를 초월한 이야기, 인간의 영혼이 뒤바뀐다는 통찰력 등으로 채워져 있다. 이러한 종교를 자세히 들여다보면, 인간이 유영하고 있는 이 세계에 유용한 많은 것들이 여전히 존재하고 있다는 사실을 우리는 알 수 있다. 하지만 대부분의 경우 우리가 사용하는 지침을 평가하는 다른 기준들을 찾아내야만 한다.

우리를 지배하는 콤플렉스는 우리가 경험해온 역사의 응집체로, 그것이 전하는 메시지는 시간에 좌우된다. 이 콤플렉스들이 발현되는 한, 우리는 그것들이 구현해놓은 작은 세계에서 살게 될 것이다.

다시 말하지만, 정신병도 없고 영혼의 동요도 없는데 왜 우리는 우리에게 허락된 제한적이고 자기복제적인 프레임에 의문을 품는 것일까? 우리가 받아들이는 종교적 가치가 어떠한 것이든 관계없이, 또다른 평가 기준을 나는 이렇게 제시하고자 한다.

먼저, 우리가 계속해서 마주하는 삶의 신비한 경험은 우리 자신과 세계에 대한 이해를 재구성할 것을 요구하는가? 만약 그렇지 않다면, 우리는 압박감을 느끼거나 감정적으로 억제된 상태가 될 것이고, 감정에 사로잡힌 상상력이 부재한 상태보다 확실성이 더 부족한 지경에 머물게 될 것이다.

우리의 개념과 관행, 이해, 심지어 가치를 재구성하는 일은 불안을 야기한다는 사실을 우리는 알고 있다. 하지만 성숙한 영적 상태는 우리로 하여금 우리가 바라는 것보다 더 많은 불안을 견뎌낼 수 있도록 만들어줄 것이다. 진정한 삶은 모순을 포용하고 모호함을 견뎌내며 미숙한 정신 상태의 특징이라 할 수 있는 이분법적 사고에 빠지지 않을 것을 우리에게 요구할 것이다.

하지만 과연 우리가 어느 정도나 견뎌낼 수 있을까? 스콧 피츠제

럴드는 어느 단편 소설에서 한쪽으로 기울어지지 않고 반대편과의 긴장을 유지하는 것을 최고의 정신이라고 정의하는 인물을 그려낸 바 있다. 융 또한 보통의 아이디어들은 다른 아이디어들과 반대되는 경우가 많지만, 정말 진실된 아이디어들의 경우 그와 반대되는 개념 또한 진실이라고 보았다. 따라서 오직 역설만이 우리가 유영하고 있는 이 세계의 거대함에 접근할 수 있다.

성숙한 영성은 확실성을 제공해주는 것이 아니라 신비를 남겨준다. 성숙한 영성은 깊이를 제공하고 우리의 이해를 재구성하도록 하며 정신적으로 성장할 것을 요구한다.

우리 각자의 보다 더 큰 그림을 개인적인 차원에서 고려해보면 융의 개성화 개념과 연관되어 있음을 알 수 있다. 융은 개성화라는 개념을 통해 나르시시즘이나 자아 권력 강화, 외부적으로 드러나는 성취에 의한 평가를 이야기하려던 것이 아니다. 개인주의는 자아의 승리가 아니라 복종을 의미한다. 개인주의는 우리가 원했거나 기대했던 삶을 포기하고 신이나 영혼(여러분이 어떠한 은유를 선호하는지와 관계없이)이 요구하는 바대로 사는 것이다.

우리가 존경하는 역사 속 인물들은 쉽고 편안한 삶을 살지 않았다. 오히려 이들 대부분은 끔찍한 고통 속에서 살아왔다. 우리가 이들을 존경하는 것은 그럼에도 그들이 자신이 지닌 특별한 재능을 이 세상을 위해 실현해냈기 때문이다. 때로 이들의 재능은 예언적인 말이나 과학적 발견, 사회를 위한 비전, 창의적인 표현 등의 형태로 드러났다. 하지만 무엇보다도 이들은 개인이라는 존재를 통해 자기표현을 추구해내려는 의지를 지닌 인물들이었다.

보다 큰 그림은 "내 인생은 과연 어떤 것일까?"라고 물을 때 발견되기도 한다. 우리 모두는 일상생활의 세부적인 사항에 효율적으로 관여하고 있다. 하지만 우리는 경제적인 동물이나 사회적 존재 이상의 존재다. 우리는 육신의 세상에 존재하는 영혼들이며 끊임없이 부패하고 있는 물질의 세계에 존재하는 정신들이다.

이곳에 존재하고 있다는 것은 무엇을 의미하는가? 나는 어떻게 불려야 하는 존재인가? 내 삶에서 나는 어떠한 가치나 특성, 능력을 구현해나가야 할까? 이와 같은 질문들은 우리를 사소한 것들로부터 벗어나게 하며 우리의 좌절감과 실망감을 재구성하도록 돕는다. 또한 세상의 기대에 맞추며 안전한 상태로 머물고 모든 사람들에게 인정받으려고 애쓰기보다 더 큰 무언가를 향해 나아갈 수 있도록 돕는다.

이와 같은 순간들은 편안함과는 거리가 멀지만, 우리에게 에너지를 제공하고 그다음 단계로 계속해서 나아갈 수 있도록 이끌어 새로운 미래로 뻗어갈 수 있게 한다. 그렇게 될 때만 우리는 단지 움직이는 존재가 아니라 진정으로 살아 있는 존재가 된다.

우리가 살아 있는 이유는 안전함을 추구하기보다 진정한 삶을 살아나가려고 하기 때문이다. 안정적인 정체 상태보다 발전을 추구하기 때문이며 불안해하며 도망치듯 살고 있는 군중들과 달리 영혼을 위한 삶을 살고 있기 때문이다.

13장

가장 오래 지속되는
기쁨은 무엇인가

13장

가장 오래 지속되는
기쁨은 무엇인가

행복은 마치 한 번쯤 도달해보고 싶은 멋진 장소나 오랫동안 머물고 싶은 장소처럼 여겨진다. 이 세상에는 행복해지기 위해 먹는 약이나 행복을 위한 장소들, 행복에 대한 온갖 약속들이 가득하다.

정신이 온전한 사람이라면 그 누구도 행복에 반대하지 않을 것이다. 만약 우리 모두가 행복하기만 하다면 모든 일이 좋게 흘러갈 것이다. 그렇지 않겠는가?

나는 행복을 반대하지 않는다. 실제로, 미국의 독립선언서에조차 행복에 대한 언급이 있다. 그러니 이 세상에서 미국이라는 나라보다 더 행복을 추구하는 나라가 있을 수 있겠는가? 독립선언서에 '삶, 자유, 그리고 행복의 추구'라고 인쇄되어 있으니 말이다. 이 사실에 대해서는 더 이상 논할 필요조차 없다. 학자들은 행복이라는 단어가 토머스 제퍼슨에 의해 특정 시대와 장소에서 특정한 목적으로 만들어진 단어라고 주장한다. 하지만 여전히 미국인들은 행복을 추구하는 문화 속에서 살고 있다.

그렇다면, 이는 정확히 무엇을 의미하는 것일까? 좋은 직업을 갖고 있고, 언제는 먹을 음식이 있으며, 주변에 사랑하는 친구들이 있고, 안락한 집이 있다는 사실에 나는 행복하다. 그리고 물론 이 사실에 감사한다. 하지만 내가 이런 행복을 안고 있다고 해서 내 주변에 존재하는 위험에 내몰린 사람들이나 가난이나 질병으로 고통받는 사람들을 망각해야 하는가? 지금의 내 행복으로 인해 의회에서부터 시골마을에까지 전 세계적으로 널리 퍼져 있는 부패를 잊어버려야 하는가? 내 행복 때문에 우리 역사에서 통탄스러운 일들, 즉 부정행위나 살인, 대학살, 자연재해와 같은 것들을 잊어버려야 하는가?

어떻게 하면 다른 사람들처럼 행복해질까? 어떤 진통제, 환상이 필요한 것일까? 행복해지기 위한 약을 복용해야 하는 걸까? 우리 시대의 다양한 오락거리들로부터 벗어나야 하는가? 이 질문에 대해서는 교묘하게 꽁무니를 빼고 이처럼 추악한 상태를 상쇄시켜줄 또 다른 생에 대한 믿음을 가져야 할까?

혹은 내가 적절한 자기계발서를 읽지 못해서 그런 것은 아닐까? 손쉬운 5단계 방법이나 월간 계획을 통해 원하는 바를 이룰 수 있게 해준다는 책들을 읽지 않아서일까? 헌신하지 않았거나, 지나치게 엄격하게 판단하여 내가 받았던 충고들을 실천하지 못한 탓이었을까? 아니면 계속 시간을 끌어왔거나 나태한 게으름을 보여왔기 때문일까? 그것도 아니라면, 건방지게 속삭이는 냉소적인 말에만 귀기울였기 때문일까? 아니면, 행복이란 것이 단순히 일시적인 만병통치약인 것은 아닐까?

이 만병통치약은 역사에 무관심하고 기억되어야 할 것들을 망각하는 문화에 기인한 것이다. 또한 이 모든 것들에 신경 쓸 여유가 없는 쓸데없이 바쁜 문화에 기인한 것이기도 하다.

우리의 종교는 대체적으로 사람들을 깊이 있게 신비에 연결하는 능력을 상실해왔다. 자본주의와 공산주의는 각 시스템을 사용하는 사람들에 의해 운영되며, 그 소수의 사람들에게 특권이 부여된다는 점에서 상당히 비슷한 모습을 보인다. 그 어떤 제도도 개인의 이익이나 정신병리학에 의해 절충되지 않는다.

그렇다면 우리는 어떻게 되는 것일까?

어린 시절, 순진하고 성실했던 나는 책을 많이 읽고 많이 배우고 이해해나간다면 갈등과 타협으로부터 자유로운 삶에 도달할 수 있을 것이라 믿었다. 그렇게 나는 내 삶과 행복을 책임질 수 있을 것이라 생각했다. 나는 이 세상에 존재하는 그 어떤 영혼들보다도 많은 축복을 받았다 생각했고, 그 축복을 매일 염두에 두고 있었다.

그럼에도 나는 어려서부터 목표를 이루게 되면 항상 다음 단계에 대한 열망이 생긴다는 것을 깨달았다. 하나를 이뤄내어 좋은 결과를 가져왔다면, 둘을 이루게 되면 당연히 훨씬 더 좋은 결과가 생기지 않겠는가? 나는 스스로에게 절대로 돈이나 권력 같은 것이 아니라 성취감이나 만족감이 지속되는 것이 목표라고 이야기했다.

그 당시 내가 잘 알지 못했던 것은 이와 같은 성취감 그 자체가 지옥과 같은 형태가 될 것이라는 점이다. 폐쇄적인 시스템은 곧 지루함이나 무능력, 영적 죽음의 원동력이기 때문이다.

행복의 척도라는 것이 우리의 삶에 별 도움이 되지 않는다는 사실을 말하고 싶다. 부정과 무지의 방식에 기반한 행복은 영혼과 영혼의 깊이에 상처를 주는 것이다.

계속해서 남아 있는 것은 바로 의미다. 과연 의미란 무엇인가? 고대 그리스 철학자 에피쿠로스는 이와 같은 질문과 씨름했다. 에피쿠로스는 '쾌락주의자epicurean', 보통은 '훌륭한 식사'라 번역되는 단어의 어근으로도 쓰인다. 그렇다. 훌륭한 식사는 즐거운 경험일 수 있고, 때때로 기억에 남을 수도 있다. 하지만 일단 그 경험을 하고 나면 훌륭한 식사의 효과는 지나가버린다. 풍성하고 호화로운 식사를 마치고 난 뒤에는 그 누구도 (고대 로마에서는 귀족들이 더 많은 음식을 먹기 위해 일부러 구토를 하고, 그것을 담는 용기까지 존재했다고는 하지만) 똑같은 식사를 다시 한 번 더, 혹은 그 뒤로 또 계속하고 싶어 하지는 않는다.

에피쿠로스는 우리가 오히려 노골적으로 쾌락을 추구하고 고통을 피하려는 존재라는 점을 감안하여 우리에게 지속적인 쾌락을 가져다줄 수 있는 것이 무엇인지를 추론했다. 먹는 것은 답이 아니었다. 비록 미각의 즐거움이 일시적인 만족감을 제공해주긴 하지만, 한 번 만족을 경험하면 동일한 욕망의 대상은 결국 불쾌한 것이 되어버리기 때문이다.

에피쿠로스는 가장 오래 지속되는 기쁨은 감각이 아니라 철학 그 자체라고 결론 내렸다. 그의 결론이 크게 틀리지 않았던 것 같다. 비록 모든 이들이 기쁨을 위해 첫 번째로 택하는 것이 철학은 아닐지라도, 에피쿠로스라면 아마도 인간의 정신 상태야말로 이 질문에 대한 핵심이라고 답했을 것이다. 만약 철학이 지속되는 모험과 발견을 제공해준다면, 그로써 계속적인 즐거움을 가져다줄 수도 있을 것이다.

나는 지속적인 만족감을 얻는 방식은 우리의 태도와 관련이 있다고 생각한다. 분명, 부처가 된 싯다르타 또한 나와 같은 생각을 갖고 있었으리라. 그는 욕망의 망상을 '간파'할 수 있는 이였다. 그는 욕망에 대한 애착으로부터 벗어나기 위해 무념무상의 상태가 될 것을 제안했다. 그리고 매 순간 최선을 다하는 삶이야말로 이 짧은 여정에서 만족감을 얻을 수 있는 최선의 방법이라고 주장했다.

부처의 개념을 통해 분명 내 생각이 일부 바뀌긴 했지만, 이것이 좋은 것이든 아니든, 나는 여전히 욕망의 존재로 남아 있다. 이 욕망들 가운데 일부는 눈에 보이는 구체적인 것들이며, 또 다른 것들은 매우 추상적인 것들이다. 하지만 나는 이 두 가지 종류의 욕망을 모두 포기하지 않고 있다.

결국, 이 욕망들이 바로 내가 존재하는 이유다. 우리는 욕망 그 자체인 에로스다. 에로스는 삶의 모든 움직임을 매일 새롭게 하기 때문에 한편으로는 가장 어린 신이다. 또한 모든 생명체의 근본이기 때문에 가장 오래된 신이기도 하다.

나는 이 모든 혼란을 불러일으키는 사후세계에 대해서도 믿지 않는다. 사후세계가 존재한다 해도, 그 삶은 지금의 삶, 즉 내가 살고 있는 이 삶이 아니기 때문이다. 만약 사후세계가 존재한다면 그 세계는 우리가 알고 있는 삶을 근본적으로 바꾸어놓아 이해할 수 없게 만들 것이다. 사실 사후세계라는 것이 정말 존재하는지도 의심스럽다.

이제 더는 사후세계를 열망하지 않는다. 내가 열망하는 바는 천국의 영원과도 바꾸지 않을, 지금 현생에서의 경험이다. 천국과는 반대로 추악한 모습이겠지만, 현생에서 나는 지금껏 중요한 경험들을 해왔다고 장담한다.

현생에서의 경험 속에서 행복한 순간이 많이 있었을 것이다. 하지만 이것은 행복이라기보다는 의미 있는 순간들이라 설명하는 편이 더 나을 것이다. 이와 같은 순간들은 세상이 행복이라고 이름 붙여온 다른 무엇들보다 타인과 관련된 일이거나 신비와 관련된 일, 혹은 호기심이나 호기심을 통해 발견된 일들과 관련이 있다.

실제로 이와 같은 순간들은 고통스러운 상황에서 발생하기도 한다. 예를 들어, 자연재해가 발생했을 때 서로를 갈라놓는 문제들은 잠시 뒤로하고 사람들이 서로 돕는 모습을 보게 되면 감동받는다. 인생에서 큰 상처를 입은 사람들이 인간 정신의 회복력을 보여줄 때 나는 감동받는다. 고통을 이겨내고 다음 단계로 도약하는 그들의 모습은 나를 행복하게 만든다. 바로 그 모습이 의미에 대해 생각하도록 만들기 때문이다.

트라우마를 겪었거나 실망감이나 절망감을 이겨내는 사람들을 보는 것은 설명할 수 없을 정도로 의미 있는 일이다. 그런 영혼들과 일상을 함께한다는 것은 매우 의미 있는 일이다. 이는 만약 내가 엄청난 특권을 지닌 사람이라 하더라도 나를 겸손한 사람으로 만들어준다. 다른 사람들을 통해 내가 배우지 못한 바를 얻을 수 있다는 사실은 대단히 의미 있는 일이다.

우리가 행복을 목표로 추구한다면 모든 것은 상황에 따라 달라지게 된다. 일반적으로 홍수는 인간에게 있어 재앙이지만 목마른 사람에게 물 한 잔은 그야말로 행복이다. 더 위험한 순간이 닥치기 전까지는 위협에 처한 사람이 구조되는 순간은 행복한 순간이다. 이처럼 행복이란 일시적인 것이지만, 의미는 언제든 존재한다.

그렇다면 의미의 뜻은 과연 무엇일까?

의미는 상황에 따라 다르고, 모든 사람에게 그리고 시시각각 새로운 정의를 내릴 수 있는 것이 아닐까? 물론 그렇다. 의미는 매우 개인적인 것이며 맥락적인 것이다. 어느 두 사람이 만났을 경우, 한 사람은 상대방과 보낸 시간을 지루하게 느끼거나 상대방 자체를 두려워할 수도 있다. 반면, 다른 사람은 상대방을 매우 칭찬할 수 있고, 그로부터 감동을 받아 눈물을 흘릴 수도 있다. 내게 의미 있는 그림이 다른 사람에게는 아무 의미 없는 것일 수 있고, 특정한 음악이나 생각 또한 마찬가지다. 이것들이 다른 사람들과 그들의 인생에 가치 있는 것이라 주장할 수 없다. 왜 그런 것일까? 의미란 영혼의 기관이기 때문이다. 바로 영혼이 중대한 의사결정권을 지니고 있으며, 영혼은 계속해서 전개되고 있는 우리 삶의 심리적 현실이다.

만약 우리가 정신의 표현, 즉 우리의 증상이나 갑작스러운 통찰력, 보상을 나타내는 꿈, 기복이 심한 감정 상태에 집중하게 된다면 이는 우리의 영혼이 계속해서 의견을 내고 있다는 뜻이다. 이 영혼의 의견은 일반적인 생각과는 매우 다르다. 다수의 것과는 반대되기 때문이다.

이러한 의견은 우리를 불편하게 만들 수 있고 우리를 고립시키거나 우리가 두려워하는 여정으로 우리를 이끌 수도 있다. 하지만 이 의견이 바로 우리의 영혼이 지금껏 참아왔던 바를 표출하는 목소리다. 우리가 과거에 그러했듯 이 같은 영혼의 표출을 무시하면 우리 자신에게 낯선 사람이 되어버린다. 억압되었던 것들은 갑작스러운 충동이나 통제할 수 없는 감정 폭발, 해결되지 않는 꿈, 그리고 무엇보다도 우리 삶의 의미를 파괴하는 형태로 다시 돌아오게 된다.

우리가 지금껏 알고 있던 안전한 길로 가면 갈수록 더 큰 만족스러움을 느낄지도 모른다. 하지만 우리 안에 무언가는 이 같은 방식을 받아들이지 않는다. 우리가 편안하게 느끼면 느낄수록 우리 자신의 진정한 모습은 깨닫기 어려워진다. 우리가 외부의 인정을 받고자 하면 할수록 지친 상태가 되고 우울해질 때까지 우리의 정신은 외부의 인정을 더 무시하려고 한다.

영혼은 무의식적으로 행복을 추구하면서 한쪽으로 치우친 빈약한 곳을 찾아 초점을 좁혀나간다. 의미를 경험하는 과정에서 우리는 우리 내면의 깊이 있는 무언가에 대해 믿게 된다. 우리 모두는 이를 알고 있다. 어린 시절부터 이 사실을 알고 있었지만, 무기력함과 명백한 대안이 없다는 사실 때문에 이 같은 내적인 자극을 다른 한편에 치워두는 법을 배웠던 것이다.

그렇다면, 오늘날 우리에게는 어떤 변명이 가능할까? 우리는 무력한 존재가 아니다. 우리는 이 세상과 우리 자신에 대해, 우리에게 효과적인 것들과 효과적이지 못한 것들에 대해, 무엇이 우리에게 계속해서 남아 있는 것인지 혹은 일시적인 것인지에 대해서 익히 배워 알고 있다. 그렇다면, 변명이라는 것이 과연 가능할까? 우리의 내면 깊은 곳에 존재하는 목소리와 내면의 확실성, 내면의 지지에 반하는 일을 계속해서 해왔음을 우리는 모르고 있는 것인가?

아마도 한 가지는 확신할 수 있을 것이다. 바로 영혼은 절대로 우리를 떠나지 않는다는 사실이다. 내면의 정수가 무엇이든 영혼은 우리와 항상 함께하며 사라지지 않고 앞으로도 계속해서 나타날 것이다. 영혼은 상황에 따른 행복과 항상 존재하는 의미의 차이에 대해 알고 있다. 영혼은 계속해서 우리의 의식적인 책략과 합리화, 회피를 우리에게 알려주고 있다. 우리 자신보다 우리를 더 잘 알고 있는 영혼을 생각하면 우리는 행복의 유혹에 정신을 덜 뺏기게 된다.

이처럼 우리가 알고 있는 것들에 대해 재인식하는 순간, 우리는 우리의 내면 깊은 곳에서부터 확인된 길을 의미 있게 수행해나갈 것이다. 그리고 우리가 이 길을 따라 의미 있는 일을 하고, 희생하며, 어려운 과정과 문제들을 헤쳐나갈 때, 우리는 가끔씩, 아주 잠시나마 행복이 넘치는 경험을 하게 된다.

14장

왜 살아보지 못한 삶에
사로잡히는가

14장

왜 살아보지 못한 삶에
사로잡히는가

　루소는 다음과 같은 문장으로 그의 위대한 저서 《고백록》의 서두를 열었다. "인간은 자유롭게 태어난 존재인데, 지금은 어디에서나 사슬에 얽매여 있다." 그의 글에 이렇게 덧붙일 수 있지 않을까.

　"우리는 완전한 존재로 태어났지만, 이 세상은 불완전한 곳이다."

　각각의 문장들에 대해 우리는 '왜'라는 중요한 질문을 던져야만 한다. 루소는 사회 제도를 분석함으로써 이 '왜'라는 질문에 답했다. 그는 훌륭한 아이디어들이 어떻게 제도화되고 비인격적인 것이 되며, 설립 원칙을 희생시키면서까지 영구적으로 사회 제도가 존재하게 되는지 답했다.

　우리는 정의내리기 어려운 목표인 완전함에 대해 생각해봐야 한다. 한편으로는 왜 우리가 우리 자신과 상충되는지, 왜 우리는 살아보지 못한 삶에 사로잡혀 있는 때가 많고, '이미 지나가버려 소용없는 일들'에 자주 실망을 느끼는지 의문을 가져야 한다.

　모든 것을 현재의 삶에 채워 넣을 수 없다는 사실을 우리는 알고 있다. 한 가지를 선택하면 다른 선택지들은 배제된다. 만약 우리가 영원한 존재라면 우리의 재능이나 관심사, 호기심을 따라 살 수 있는 기회가 여러 차례 있겠지만, 사실 그럴 수 없다.

이전 세대보다 현대인의 수명이 연장되었다는 사실을 고려해보자. 분명 우리에게는 다른 직업을 가질 기회나 다른 친구들을 만날 기회, 다른 생활방식을 택할 기회, 심지어 정서적 개입을 할 기회가 충분하다. 과거 고전주의 시대를 떠올려보자. 당시 평균수명은 20대 중반이었고, 1900년대 북미 지역의 평균수명은 47세에 불과했다. 인생의 경로를 바꿔나가고 잃어버린 조각들을 주워 모으고 우리가 남겨둔 것들을 향해 돌아갈 수 있는 기회를 가졌다는 사실은 매우 다행스러운 일이다.

그렇다면, 우리가 남겨둔 것들은 어떤 것들인가? 우리 대부분은 가난이나 부족한 교육, 기회의 제약 등의 이유로 우리가 타고난 재능이나 열정을 충실히 따르지 못했다. 또한 우리는 인생이라고 부르는 이 여정에서 얻은 수많은 것들을 손상시켜가며 기쁨과 자발성, 창의성, 열정을 뒤로 남겨놓았다. 누군가에게는 이것들이 매우 특정한 재능이나 소명, 호기심이겠지만, 이러한 가치를 추구하도록 '허락'하는 일은 권한이 약화된 결과 혹은 권한이 실종된 결과로 여겨진다.

우리 대부분은 감정이나 창의적인 측면이 제약된 환경 속에서 살고 있다. 이웃집에 살던 친구가 음악 교습을 받기 시작했을 때, 그 시절 나는 더 이상 그 아이와 어울려서는 안 된다고 생각했었다. 단지 그 친구가 음악을 배운다는 사실만으로 나는 그 아이가 우리 가족과는 다른 사회경제적 계층에 속한 친구라고 판단했기 때문이다.

그렇게 생각했던 것이 어리석어 보일 수 있지만, 우리 부모님들이 실제 그런 환경에서 살아오셨기에 그 당시 나 또한 그분들처럼 생각할 수밖에 없었다. 아버지는 가정 형편이 어려워져 중학교 2학년 때 학교를 중퇴하고 공장에서 일을 하셔야만 했었다. 어머니는 고등학교를 겨우 졸업한 뒤 비서로 일을 하셨다.

두 분 모두 경제적, 문화적으로 제한된 삶을 살아오셨고, 우리 형제 역시 그분들과 똑같이 살아야 한다고 생각하셨던 것을 나 또한 당연하게 여겼다. 우리 형제는 운동이나 연극을 하고 싶어 했으나 부모님은 이 둘 모두를 반대하셨다. 그분들 입장에서는 우리가 실망하거나 마음 아픈 일을 겪도록 내버려두고 싶지 않으셨기 때문이었다.

마찬가지로 우리 가족들은 지나치게 기쁨을 느끼거나 자발적으로 무언가 하는 일을 피해야만 했었다. 이렇게 한다면 예측 가능한 당연한 일들에 영향을 주기 때문이었다. 우리에게 예측 가능한 당연한 일들은 바로 고난이나 실망, 환멸이었다. 게다가, 공개적으로 감정을 드러내는 일은 우리를 연약하게 만들었기에 허락되지 않았다.

부모님과 같은 분들을 만난 것은 내게 축복이라 생각한다. 하지만 두 분으로 인해 자발성이나 분노, 기쁨, 희망과 같은 내 자신의 솔직한 감정들을 멀리하는 법을 학습했던 것이 사실이다. 나이가 들어 정신의 혼란을 겪고 난 이후에야 나는 비로소 뒤쳐져 있던 개인적인 보물들을 되찾아가기 시작했다.

이렇게 말하는 것이 부모님을 비난하는 것처럼 보일 수도 있겠으나, 사실 나는 우리 부모 세대를 비난하는 것이 아니라 동정하게 된다. 그 당시에는 심리치료를 받을 수도 없었고, 주변에서 그들을 지지해주는 그 어떤 것도 존재하지 않았을 것이다. 그럼에도 그들 세대의 다른 분들과 마찬가지로 우리 부모님 역시 각자 처한 상황에서 최선을 다해 살아오셨다.

과연 누가 그분들께 더한 것을 요구할 수 있을까? 난 그럴 수 없다. 하지만, 우리 모두는 역사가 치른 대가를 따져보고 그 효과를 알아보며 다음과 같은 질문을 적용해봐야만 한다.

역사가 우리에게 무엇을 하도록 했고, 무엇을 하지 못하게 했는가?

이 사례들은 내가 직접 경험한 것들로, 어쩌면 심리치료를 하면서 알게 된 아이들의 삶보다 훨씬 더 열악한 삶을 경험한 것이었는지도 모르겠다. 앞서 언급했듯, 우리 모두는 가족이나 종교, 사회적인 맥락, 시대정신과 같은 환경으로부터 엄청난 양의 메시지를 얻고 있다. 이 모든 환경 요소들은 그것을 따르거나 그로부터 도망가거나 어떻게든 그것을 해결해나가려고 하는 메시지들을 만들어낸다.

우리 모두는 이 같은 환경들을 내면화하고 '메시지화'하며, 우리가 누구이고 어떤 사람이 되어야 하는지 그리고 어떤 사람이 되면 안 되는지와 같은 조건에 대한 이야기를 계속해서 쌓아간다.

이처럼 만족스러운 삶을 방해하는 것은 우리 삶을 허락 아래 남겨 놓는 것이다. 어려서부터 우리는 그 허락이 조건적이라는 사실을 배웠다. 만약 누군가가 한쪽 방향으로 지나치게 치우쳐 있거나 지나치게 강한 자기 확신을 표현할 때 처벌을 내리거나 그 허락을 철회하는 식으로 제재를 가했다.

이와 같은 처벌은 아이에게 매우 치명적일 수 있다. 오늘 내가 만났던 80대 남성은 자신이 선택한 직업에서 큰 성공을 이룬 사람이었지만, 특정한 의사결정을 내릴 때 늘 다른 무언가에 얽매여 있다는 이야기를 했다.

의사결정을 하는 데 무언가에 얽매여 있다는 것은 그 사람이 매우 자기중심적이며 불안정한 심리 상태를 가진 부모와 함께 자라왔다는 사실을 보여준다. 그의 어머니는 그가 어렸을 때 자신에게 순응하지 않고 엄격한 의지에 반하는 행위를 하면 심한 처벌을 내렸다.

과거의 불안감이 수십 년이 지난 뒤에도 다시 나타나 그 불안감으로 인해 고통받게 된다는 사실이 놀라운 일은 아니다. 하지만 그 남성의 삶이 수십 년 전에 돌아가신 어머니의 감정적인 요구에 여전히 지배되고 있다는 사실은 납득하기 어려웠다.

우리가 자제력을 갖고 있으며 위험에 대한 대비책을 세울 수 있고 이 세상과 다양한 방식으로 협상할 줄 안다는 사실을 고려해보자. 그렇기에 우리는 그렇게 얽매여 있는 상태를 통해 우리의 감정적인 밑바닥에까지 도달할 수 있다. 안타깝게도, 그 얽매인 상태는 우리의 가장 취약하고 민감한 감정 형성 단계에 깊이 아로새겨지기 때문에 절대로 사라지지 않는다.

정상적인 성장 과정을 겪은 대부분의 이들은 오래된 두려움과 자제력, 제약들로부터 벗어나기도 한다. 또 어떤 때는 우리의 관심을 끌고 보다 더 성장하는 삶을 만들어나가기 위해 우울증에 걸리기도 하고, 계속해서 스스로를 불안하게 만드는 꿈을 꾸기도 한다. 삶의 허황된 욕망, 주목받고자 하는 욕망은 때로는 우울증을 동반하고, 불안한 꿈을 연속적으로 꾸게 만든다.

삶에서 (대중문화의 피상적 지표로 측정된) 성취를 이뤄낸 사람이라 할지라도, 이들 대부분은 진정한 자기 자신이 되거나 자기 내면에 존재하는 영혼의 목소리를 따르는 일을 쉽게 허락한 것이 아니었다. 오랜 시간을 살아오면서 나는 이 사실에 대해 알 수 있었다.

자기도취증에 빠진 방종을 말하는 것이 아니다. 그보다는, 우리의 본성대로 살도록 허락함으로써 우리 자신이나 다른 사람들에게 해를 끼치지 않는 형태로 그것을 표현하도록 하는 일에 대한 것이다.

이스라엘의 융학파 심리학자인 에리히 노이만^{Erich Neumann}은 《심층심리학과 새로운 윤리^{Depth Psychology and the New Ethic}》라는 훌륭한 연구 업적을 남겼다. 대부분의 역사는 규범적인 윤리나 관례에 따른 행동 규범들에 의해 정의되어왔다. 어떤 이들은 이를 신의 요구에 따른 것이라 주장한다. 또 어떤 이들은 부족의 연장자들 혹은 성경이나 전통, 제도에 의한 것이라 주장하기도 한다.

하지만 본성은 항상 그에 반항하며 자신만의 표현을 찾고자 한다. 우리가 본성을 부인할 때, 그것을 보상하는 꿈을 꾸거나 신경증, 심지어 신체적 장애가 나타나기도 한다. 정신분석가들은 이를 '억압받는 사람들의 귀환^{return of the repressed}'이라고 말한다.

하지만 노이만은 프로이트가 주장한 충족되지 않은 에너지를 표현하는 방식인 승화라는 개념조차 비판했다. 그는 승화가 영혼의 현실을 회피하는 것이라 생각했다. 영혼은 비현실적이거나 가벼운 것이 아니라 우리의 신체와 피, 욕망에 근거한 우리의 가장 깊은 본질이다.

노이만에게 '새로운 윤리'는 다른 그 어떤 것보다 의식을 중요시한다. 우리는 반드시 우리의 '악의적인' 능력을 인지하고 있어야 한다. 우리 자신의 욕망과 달리 이와 같은 가치들을 표현하는 것이 바로 융이 그림자shadow라고 칭한 것이기 때문이다. 우리는 반드시 그 가치들을 존중해야 하며, 때로는 그것들이 모순되어 보인다 할지라도 그 가치들로부터의 고통을 감내해야 한다.

우리 내면의 소심함이나 살인적인 분노, 무기력함, 두려움을 해결하는 일이 사소하다고는 할 수 없다. 우리가 대면을 거부해도 그것들은 어느 방향으로든 터져 나온다. 새로운 윤리는 암울한 순간에도 의식적이고 동기가 부여된 상태가 되기 위한 최선의 노력을 의미하며, 우리가 만든 의식적인 모든 순간에 대한 책임은 우리에게 귀결된다.

노이만과 마찬가지로 나 또한 살인적인 충동이나 우리의 성품 가운데 사소한 부분인 탐욕스럽고 남을 속이는 행동, 스스로를 뽐내고 과장하며 자기도취증을 보이는 부분을 우리 안에 응집시키려고 하는 것이 아니다. 그보다는 2,000년 전 극작가 테렌스가 지적했듯, 이것들 또한 우리의 일부로 존재하는 성격들임을 인정하려는 것이다. "즉, 그 어떤 것도 내게 있어 낯선 부분이 아니다."

우리는 때때로 부모나 초기에 영향을 미치는 사람이 진정한 자신이 되도록 허락해주는 경우를 보기도 한다. 하지만 이는 매우 드문 일이며, 이렇게 되기 위해서는 우연일지라도 환경적인 상황이 뒤따라주어야만 한다.

허락이란 부모가 노력한 아이에게 내려주는 것일 뿐 아니라, 풍요로운 삶을 위해 스스로가 내려주는 것이다. 융이 강조한 대로, 부모가 살지 못했던 삶을 아이에게 기대하는 것만큼 커다란 짐은 없다. 보통 부모가 그들의 삶에서 직면하지 않았던 것은 유리천장으로 남아 있다. 바로 이 속박이 자녀가 직면하거나 많은 노력을 들여 탈출해야 하는 것이다.

내가 알고 있는 대다수의 재능 있고 훌륭한 업적을 이룬 사람들은 허락을 그냥 얻은 것이 아니라 스스로 쟁취해왔다. 피할 수 없는 죽음이 내포하고 있는 미덕이 있다면, 그것은 바로 선택이 우리 삶에서 정말 중요하며, 선택을 하도록 허락하는 일이 반드시 필요하다는 사실을 상기시켜준다는 점이다.

허락은 두려움에 의해 지배되는 삶이 제대로 된 삶이 아니라는 사실을 우리에게 알려줄 것이다. 내가 임종을 앞둔 이들을 만났을 때, 대부분은 자신들에게 주어진 짧은 기간이 더 커다란 삶을 향한 긴급한 소환이라고 결론 내리고 있었다. 하지만 우리가 그 긴급한 소환을 받기 위해 반드시 죽음을 마주해야 하는 걸까? 그렇지 않기를 바란다.

심리치료를 받으면서 무엇이 그들을 우울하게 만들고 무엇으로부터 도망치게 되는지 발견한 이들이 많았다. 그리고 이들 대부분이 실제로 자신을 통해 표현하고자 했던 것은 바로 더 큰 삶이었다. 영혼의 소환은 우리의 인생이 우리 자신의 손에 달려 있다는 것을 깨닫는 순간이다. 그리고 우리는 허락이 주어진 것이 아니라 우리가 직접 찾아나서야 하는 것이라는 사실을 깨닫는다.

바로 그 더 큰 삶으로부터 우리 자신보다 더 커다란 일을 수행해야 하는 인생이 시작된다. 우리는 그 전환의 순간, 신이 우리를 태초에 만들어낸 그 의도대로의 인생을 되찾게 된다.

융이 이야기했듯, 인생은 두 가지 위대한 신비 사이에서의 짧은 멈춤의 시간이다. 인생에 대해 그가 묘사한 표현보다 더 나은 정의는 없을 것만 같다. 그럼에도 내가 추가로 덧붙이고 싶은 말은 바로 이것이다.

반짝반짝 빛나는 멈춤의 시간을 만드는 것은 그 누구도 아닌, 우리에게 달린 일이다.

15장

같은 일상이 반복되는 이유는 무엇인가

15장

같은 일상이 반복되는 이유는
무엇인가

우리는 유령이 나오는 집에서 정돈되지 않은 기억을 안고 잠든다.

이 은유는 무엇을 의미하는가? 때때로 여러분의 삶이 어떻게 돌아가는지, 왜 계속해서 반복되는지, 왜 이런 패턴이 생겨나는지 궁금하지 않은가? 자신이나 타인에게 해가 되는 일들이 왜 자꾸만 생겨나는 것일까? 중요한 결정을 내릴 때 우리는 얼마나 자유로움을 느끼는가?

'오늘도 수십 년간 했던 바보 같은 일들을 똑같이 반복하겠지.' 그 누구도 아침에 일어나 이렇게 생각하지는 않는다. 하지만, 실제로 우리는 그와 같은 일들을 반복할 확률이 높다. 왜 그런 걸까?

우리 조상들은 유령이나 죽은 사람들의 영혼, 우주에 존재하는 악의적인 힘, 그와 같은 힘에 지배될 가능성을 믿었다. 그들이 이렇게 믿었던 것은 눈에 보이지 않는 심리적 에너지가 성격으로 반사되어 눈에 보이는 결과를 초래한다고 생각했기 때문이었다.

우리가 어리석거나 안 좋은 결과를 가져올 일을 고의적으로 하지 않는다는 점을 생각해보라. 우리는 당시의 감정적인 상태에 따른 행동을 한다. 우리는 주어진 순간에 작동하는 감정적인 전제가 바탕이 되었을 때 타당한 행동을 하는 것이다.

우리는 우리를 둘러싼 환경, 즉 원가족이나 대중문화, 시대정신과 같은 것들을 파악하기 시작한다. 이를 통해 이 세상이 무엇에 관한 것인지 알고, 우리 자신을 이 세상과 잘 어울리는 사람으로 만들어 안전을 보장하고, 우리가 필요로 하는 만족감을 느끼는 데 필요한 단서를 찾으려 하는 것이다. 합리성이나 상대성, 자립성에 앞서 얻어진 전제들은 위와 같은 행동들을 회피하거나 통제하는 데 순응하도록 만든다. 그런 행동들은 어린 시절부터 서서히 발전했으며, 자아감의 기본 운영방식이 된다.

이와 같은 조건반사적인 행동들, 즉 방어기제는 이미 굳어져 도전할 수 없는 권위 속에 숨어 비밀조직을 형성한다. 방어기제가 우리를 이렇게 멀리까지 데리고 왔을 때, 왜 우리는 이것들을 버리고 방어를 중단하며 우리 자신을 취약한 상태에 빠지도록 두는 것일까?

전통문화는 보이지 않는 에너지의 힘을 인정해왔다. 그러면서도 때로 이를 마법이나 악의적인 물리력이라고 불렀다. 이는 마음을 빼앗긴 영혼에 의해 어쩔 수 없이 고통받아야 하는 힘으로 여겨졌다.

실제로 융은 콤플렉스가 자아의 지배를 침범할 수 있는지 설명할 때 독일어인 'Ergriffenheit(감동된 상태, 감동)', '사로잡힌 상태'라는 단어를 사용했다. 강력한 콤플렉스는 우리를 점령된 도시국가처럼 만든다. 우리는 점령군의 지시를 전력을 다해 반복적으로 이행하며 섬긴다.

또한 콤플렉스는 맥락이 없다. 그저 역사적으로 생성된 일종의 프로그램일 뿐이지만, 우리는 아무런 의심 없이 받아들이기 때문에 그 패턴은 강화될 수밖에 없다. 우리가 콤플렉스에 복종할 때마다 콤플렉스의 위력은 더욱 정교해지고 강력해진다.

우리에게 이렇게 자주 나타나는 문제의 형태 가운데 하나는 바로 어머니와 아버지에 반응하여 나타나는 패턴이다. 결국 부모가 우리의 근본적인 모델이자 우리의 역할을 정해주는 분들이 아닌가? 이는 단지 부모를 모방하는 것에만 머무르지 않는다. 우리는 그들이 무엇을 하지 않고, 무엇을 터부시하며, 그들을 두렵게 만드는 것이 무엇인가에 좌우된다. 부모나 역할 모델이 살아보지 못한 삶을 직면하고 있

는 우리는 지나치게 반복적인 과잉보상이 주는 한계에서 벗어나려고
한다.

또한 안락한 삶에 대한 강박은 우리를 무의식의 희생양으로 만들
어버리기도 한다. 이와 유사하게, 많은 사람들이 상실감으로 인해 계
속해서 고통받고 있다. 이 상실감은 자신의 가능성을 향해 나아가지
못하도록 한다. 어떤 이들은 실제로 행한 일이나 심지어 하지 않은
일에 대해서도 죄책감을 느낀다. 이와 같은 해로운 감정은 그 일들을
멈추도록 하거나 억지로 과잉보상을 하도록 만든다.

또 어떤 이들은 해로운 감정이 계속되거나 과잉보상 패턴이 반복
되면 부끄러움을 느낀다. 배신이나 과거의 환멸 때문에 삶이 흠집이
났다고 느끼는 이들은 후회나 무기력함, 비난 속에 머물고 있는 오늘
날의 가능성을 갈기갈기 찢어버린다. 마치 우리가 과거로부터 배우
고 무엇이 작동되고 그렇지 않은지를 배울 수 있는 사람이라기보다,
과거의 자신에 의해 지금의 우리가 정의된다고 할 수 있다.

그 누구도 왔던 길을 다시 되돌아가기를 바라지는 않을 것이다.
하지만 우리는 새로운 날에 대한 희미한 가능성보다는 우울한 과거

에 의해 정의되고 유령에 둘러싸인 채 과거로 되돌아가기를 반복하고 있다.

또한 우리의 문화는 과거를 만들어내는 유령들로 가득 차 있다. 우리의 부모님과 그들의 부모 세대는 성별이나 경제적 계층, 인종, 종교, 민족, 경제적 범주가 존재론적으로 주어진 것이라 여겼다. 다시 말해, 자연이나 신성에 의해 주어진 것으로 여겼던 것이다.

문화의 일반적인 영향력을 고려했을 때, 아이들은 자신의 영향력을 만들어낼 때까지는 이처럼 제한된 구조에 따라 분류되고 범주화되며 그로 인해 규정된다. 지난 세기 동안 우리는 이렇게 만들어져온 범주들을 꾸준히 해체시켜왔다.

하지만 여전히 많은 사람들의 마음속에 이러한 범주들이 계속해서 강력하게 남아 있다. 이와 같은 정형화된 생각들은 재능 있는 개인들에 의해, 법률에 숨겨져 있는 편견에 이의를 제기하는 방식을 통해, 혹은 우리의 저항적인 상상력에 의해 점차 바뀌어나간다. 한편 자기 결정권에 대한 개인의 권리 추구가 점차 가능해지고 있지만, 여전히 우리에게 남아 있는 이 범주들의 사슬은 우리의 발목을 옥죄고 있다.

시간이 인간의 정신을 점점 더 자유롭게 해주는 측면이 있는 반면, 오늘날 지구 위를 걷고 있는 그 누구도 완전히 자기 자신이 되는 자유를 느끼고 있지는 못하다. 정신을 두려운 과거에 묶어두고 있는 보이지 않는 이 연결고리는 매우 미묘한 것이다.

아마도 잊히지 않는 유령들 가운데 가장 거대한 것은 우리가 과거에 했던 엉뚱한 짓들이나 나약한 의지, 혹은 망설임과 결탁했던 일들일 것이다. 우리의 능력을 넘어서는 거대한 이 세상에서 우리는 상대적으로 무력한 존재라는 사실을 이미 알고 있다. 최악의 경우에는 우리의 생존이 위협받게 될 수 있고, 일반적으로는 환경이 정해주는 대로 순응하며 살 수밖에 없다는 사실도 우리는 알고 있다.

내가 지금 이 문장을 써내려가는 동안 뉴스에서 다음과 같은 끔찍한 소식이 전해졌다. 근본주의 교회 신도들이 아이들을 폭행했고, 한 아이를 숨지게 한 혐의로 체포되었다. 아이들을 폭행한 신도들 중에는 숨진 아이의 부모가 포함되어 있었다고 한다. 과연 그 아이들에게 무슨 죄가 있었을까? 아마도 아이들에게는 자신들이 보호받고 있던 곳을 떠나 자유롭게 세상 밖으로 향하려던 죄밖에 없었을 것이다.

위협받는 이들에게 그와 같은 선택은 얼마나 무서운 것이 되는가. 내 자녀가 사라진다고 해서, 과연 우리의 기반이 얼마나 더 단단해질 수 있을까? 그럴 수 없다는 것은 너무도 명백한 사실이다. 이들 부모는 자녀를 파괴함으로써 그들 자신의 두려움을 없애려고 했던 것이었다. 그 두려움이 얼마나 컸기에, 게다가 그들 자신의 영혼에 대한 의지가 얼마나 약했기에 부모의 가장 중요한 임무인 자신의 아이를 보호하는 일까지 위반해야만 했던 것일까.

각각의 문화 안에는 시간과 일반적인 관습에 의해 추앙받는 것처럼 보이는 이야기들이나 법, 제재들이 존재한다. 후세는 이러한 것들을 독단적이고 개인 중심적이며 때로 터무니없이 인간의 정신을 침해하는 것들이라 알게 될 것이다. 지금까지 계속해서 노예제와 인신매매, 모든 종류의 차별에 대해 묵과해오고도 우리가 계몽된 사회에 살고 있다고 주장할 수 있는가? 바로 이와 같은 것들이 우리의 세계에 침투해 영혼을 타락시키는 유령들이다.

누군가 우리의 행동이나 태도에 대한 결과를 우리 앞에 들이댔을 때 이와 같은 유령들이 나타나기 시작한다. 우리 자신이 낯선 기분에 사로잡혔다는 것을 알게 될 때도 유령들을 마주한다.

때로 우리는 우리가 하는 (또는 과거에 했던) 모든 일들이 여전히 권태롭게 느껴지거나 만족감을 주지 못한다는 것을 알게 된다. 이와 같은 순간에 우리는 노력을 배가하지만 불만도 늘어나게 된다. 우리는 약물이나 다른 오락거리들을 통해 내적 불화를 마비시키거나 다른 누군가에게 책임을 물으려고 한다. 그 고통이 어느 정도에 도달해야만 우리는 비로소 자신의 내면을 살펴보고 삶을 지배하는 원칙들과 인식을 재검토하거나 심각한 자기반성의 시간을 갖게 된다.

그러나 이와 같은 순간이 바로 보다 큰 삶이 시작되는 순간이다.

삶에서 가장 강력한 유령은 이 세상에서 우리는 상대적으로 무기력한 존재라는 깨달음 그 자체일 것이다. 하지만 놓치고 있는 것이 있다. 바로 우리 각자에게는 거대한 가능성과 회복력을 지속하는 핵심적인 힘이 존재한다는 사실이다. 이러한 힘은 점점 더 확장되어가는 세계를 향한 초대장과 함께 책임질 능력을 제공한다.

오늘 오전이었다. 한 심리치료사는 학대를 당하거나 사랑하던 이를 떠나보내거나 자존감에 상처를 받고도 어떻게든 살아나갈 회복력을 찾아내는 사람들이 분명 존재한다는 것을 발견했다. 똑같은 사건으로 인해 큰 타격을 받기만 하는 이들도 있다. 이는 우리에게 어떤 일이 일어나는가보다는 우리에게 일어난 일을 우리가 어떻게 내면화하고 그 메시지를 전달하는가에 달려 있다. 영혼을 망가뜨리는 일은 나와 경쟁하는 이들에게 오히려 도움이 될 것이다.

학습된 무기력은 우울증을 정의하는 요소들 가운데 하나다. 우리는 어린 시절의 경험들로부터 이 무기력을 학습했다. 누군가에게 이 학습된 무기력은 트라우마를 남기고 치명적인 결과를 초래한다. 하지만 살면서 많은 상처를 입은 사람들조차 성장과 발전을 위한 새로운 능력인 엄청난 회복력을 지니고 있다. 오히려 이와 같은 상당한 에너지를 내포한 어린 시절의 경험들은 삶이 제시하는 장애물에 직면하여 맞서 싸울 힘을 불어넣고, 끝까지 해내도록 돕는다.

진실한 결의와 끈질긴 태도보다 더 오래 지속되는 것은 없다. 내 개인적인 경험뿐 아니라 수많은 내담자들의 삶을 통해 이러한 사실을 알게 되었다. 우리는 다른 사람에게 이와 같은 강인함을 전해줄 수는 없지만, 우리 자신에게 그 힘을 반영하고 다른 이들에게도 상기시키며 우리에게 주어진 타고난 힘을 강화할 수 있다. 두려움으로부터 도망치는 것은 두려움의 선제적인 힘을 인정하는 것이다. 우리는 두려움을 극복함으로써 배워야 한다.

결국, 우리는 과거의 사례들에 시달리며 자유로운 여정을 허락받지 못하고 있다. 우리는 과거의 무기력이나 억압을 현재 자신의 것으로 받아들인다.

우리는 사회적인 구조에 사로잡혀 있다. 이 구조는 여성이 어떠해야 하는지, 그리고 여성이 할 수 없는 일이 무엇인지 알려준다. 또한 남성이란 어떤 존재이며, 정해진 대로 살지 않으면 어떻게 되는지 알려준다. 우리는 그릇된 신학이나 심리학, 사회 모델에 사로잡혀 우리가 역사와 인종, 문화유산에 의해 정의되는 존재라고 생각한다. 우리는 우리 조상들이나 부모들의 검증되지 않은 삶에 사로잡혀 있다. 우리는 역사가 곧 미래라는 생각에 사로잡혀 있다. 우리는 우리가 가진 콤플렉스의 제한된 상상력에 사로잡혀 있다.

그리고 우리는 엄청난 가능성이 눈앞에 놓인 세상에 살고 있으면서도 작은 인생에만 사로잡혀 있다.

우리를 사로잡은 유령은 개인적이고 일반적인 동시에 문화적이다. 또한 범접 불가능하다. 그 유령은 두려움과 관습이라는 오래된 특권의 방어막 속에서 우리를 얽어매기 때문이다.

영혼이 존중받지 못할 때, 그리고 우리의 가능성이 외부의 억압, 사회적 금지, 심지어 우리 자신의 무기력함으로 인해 거부될 때, 우리의 병리적 상태는 더 악화된다. 우리는 진통제와 같은 약물이나 문화적인 즐길거리들, 그리고 비뚤어진 상태를 계속해서 유지하도록 하려는 합리화와 회피가 넘쳐나는 세상에 살고 있다.

이와 같은 유령들에 둘러싸인 상황에서 가장 커다란 유령은 바로 우리가 마주칠 가능성이 있지만 피해버리는 유령이다. 이러한 순간들은 그다지 아름답지 않은 순간들이며, 책임을 이끌어내기 위해 우리를 더 괴롭혀야만 하는 것인지도 모른다. 만약 우리가 이처럼 유령이 가득한 집에 살고 있다면, 바로 지금이 밝게 불을 켜고 내 안에 존재했던 유령들을 내보내야 할 시간이다.

16장

불안의 그림자는
누구의 것인가

16장

불안의 그림자는
누구의 것인가

누구나 부모로서 이런저런 실수를 범하기도 한다. 그렇지만 부모가 바라는 자녀의 모습이 아닌 자녀의 있는 그대로의 모습을 부모가 사랑하고 있다는 사실을 자녀가 알고 있다면 우리는 자녀를 성공적으로 양육했다고 말할 수 있을 것이다.

간단해 보이는 이 성공적인 양육 방법은 사실 보기보다 꽤나 어려운 일이다.

우리는 보통 자녀가 우리를 자랑스럽게 만들어줄 것이며, 우리가 가진 종교나 정치, 문화적 가치를 받아들일 것이라고 기대한다. 우리가 자녀에게 가지고 있는 이러한 기대를 포기하기 위해서는 우리가 가진 개별적 존재의 문제부터 해결해야 한다. 완수되지 못한 우리의 과업을 자녀에게 물려주어서는 안 된다. 융이 지적한 대로, 부모가 이루지 못한 삶을 자녀에게 미루는 것은 정말 끔찍한 일이다. 이렇게 되면 내가 져야 할 책임까지도 모두 자라나고 있는 아이에게 안겨주게 된다. 좋은 부모가 되기 위해서는 무엇보다도 나 자신이 성숙한 인간이 되어야만 한다는 사실은 분명하다.

어린이 야구 리그에서 경기 중인 아들에게 좀 더 잘 하라고 외쳐대는 아버지로 인해 그 아들은 야구에 대한 관심이나 흥미를 잃게 된다. 그 아들은 잘 자라나 살면서 많은 일을 성취한다 하더라도 아버지를 기쁘게 해드리지 못한 순간만을 평생 기억하게 될 것이다. 수십 년 전 들었던 부모의 비판, 기대를 기억하고 과거의 부끄러운 순간들을 오늘날까지 안고 사는 사람들을 나는 수없이 봐왔다.

위험한 행동을 통해 과잉보상을 하려 하거나 고통을 느끼지 못하는 중독 상태를 보이는 식으로 과거 부끄러운 순간들이 나타나기도 한다. 딸의 약화된 자아를 보완해주기 위해 딸을 발레 교습소에 보내거나, 피아노 학원이나 응원단에 밀어 넣는 엄마의 쓸모없는 노력들도 사실 이런 데서 비롯된 것이다.

심지어 부모가 돌아가신 후에도 이와 같은 감정은 잊히지 않는다. 칭찬과 인정을 결정할 존재에게는 부모의 죽음이 인식되지 않는다. 그 의도가 무엇이든, 이러한 부모들은 이미 그 자체로 위험한 자녀의 인생 여정에 죄책감이나 수치심, 다른 곳에서부터 보상을 얻기 위한 강압적인 행동과 같은 짐을 지운다.

많은 부모들이, 비록 자신이 일상에서 종교생활을 거의 하지 않고 있음에도, 자녀가 자신과 같은 종교를 갖기를 바란다. 대부분이 진정한 종교적 조우나 개인적인 선택이 아니라 태생의 우연성에 기초해 종교를 선택한다는 사실을 우리는 알고 있다.

특정 종교의 안전성은 해당 종교를 믿고 있는 사람의 수나 집단의 일체성에 의해 보장된다. 또한 자녀가 우리 자신과 동일한 길을 걷게 만들면 자아도취감이 증진되면서 다시 종교에 대한 안전성이 보장된다. 간단히 말해서, 스스로가 모범적인 사례, 즉 훌륭한 부모이자 양육에 성공한 부모임을 증명하기 위해, 또 정당성을 획득하기 위해 우리 아이가 내가 가는 길을 똑같이 걷고 내가 하는 선택이나 생활방식을 따르도록 하는 것이다.

부모들 대부분에게 공통적으로 존재하는 이러한 생각의 근거가 개인적인 불안감이 아니라면 과연 무엇이겠는가? 이 불안감은 어떻게 진정한 종교적 혹은 가치 선택의 기준이 되며, 부모와 자녀 관계에서의 굳건한 기반이 될 수 있을까?

실제로 내가 지난 40년간 만났던 사람들은 모두 자신에게 적절한 길을 찾아가기 위해 엄청난 노력을 해온 사람들이다. 이들은 자신들의 여정이 부모의 제약이나 압력, 그들의 정형화된 모델에 방해를 받았다는 사실을 알게 되었다. 그들이 자신만의 길을 만들어가기 위해 허락을 구하거나 통찰력의 원천이나 지침을 찾으려 애썼듯이, 그들의 자녀들 또한 동일한 자유를 갈구한다는 사실은 어찌 보면 당연한 것이다.

우리는 자녀들의 운명이 추구하려고 하는 그들만의 인생 여정을 살아나갈 수 있도록 관대하게 허락하고 본보기를 보여줘야 한다. 만약 그렇게 하지 않는다면 우리는 각자의 인생을 충실히 살아나가지도 못하게 될 것이다.

《에덴 프로젝트: 마법의 타자 찾기》라는 책에서 나는 '영웅적 소환the heroic summons'이라고 칭했던, 끝나지 않은 나 자신의 인생 과업으로부터 친밀한 타인을 분리하는 일에 대해 썼다. 내가 이 행위를 영웅적이라고 부르는 까닭은 이것이 편안하게 느껴지기보다는 아주 무거운 부담을 지는 일처럼 느껴지기 때문이다.

이 행위는 누군가 돌봐주기를 은근히 바라는 의존적인 습성에서 벗어날 것을 우리에게 요구한다. 우리는 무의식적으로 각자의 배우자를 좋은 부모로 바꾸려 한다. 좋은 부모는 자녀의 자존감이나 개인적인 책임을 덜어주는 역할을 한다.

이와 비슷한 또 다른 영웅적인 과업이 부모들에게 존재한다. 바로 자녀들에게 각자의 끝나지 않은 과업을 짐 지우지 않는 일이다. 우리가 그렇게 할 때, 자녀들은 보다 더 자유로워질 수 있다.

한 주에도 몇 번씩 성인이 된 자녀에게 전화를 거는 부모들은 자녀에게 '나의 조언 없이는 넌 그 일을 할 수 없어. 네 곁에는 항상 너를 걱정하고 있는 내가 있어. 넌 아직까지 네 인생을 스스로 살아나갈 수 없으니까'라는 메시지를 보내는 것이다. 이 모든 메시지는 아이 혹은 성인이 된 자녀에게 죄책감이나 불안감, 분노를 남긴다. 그리고 그들 자신의 삶에서 필요한 일의 에너지를 계속해서 다른 곳으로 전환하도록 만든다.

이러한 부모들은 자녀들의 자주적인 힘을 빼앗는 메시지를 보내고 부모의 변덕스러운 지시나 훈계, 기대를 초조하게 주시하도록 함으로써 자기 아이들의 삶을 파괴하고 있다. 이런 양육 방식을 과연 좋은 방식이라 할 수 있을까?

어머니에게 전화 거는 일이 너무나 두렵다고 설명하던 어느 딸의 사례가 기억난다. "엄마, 그동안 잘 지내셨어요?" "응, 뭐 그렇지." 딸에게 말하고 있는 어머니의 목소리는 사실 이렇게 말하고 있는 듯했다. '지금 네가 하고 있는 일 다 그만두고, 이리 와서 나 좀 돌봐줘!'

한편, 그동안 감춰왔던 자신의 성 정체성을 부모에게 털어놓았던 중년 남성의 사례도 있었다. 그는 대부분의 동성애자들이 겪을 수밖에 없는 가장 큰 상처, 즉 부모로부터 자신의 정체성을 거부당하는 일을 두려워하면서 고백했다. 그가 이야기를 마치자, 그의 아버지는 이렇게 말했다. "오, 세상에나. 난 네가 공화당 지지자가 되겠다고 이야기하려는 줄 알았잖니. 그게 아니라니 천만다행이구나." 부모와 그는 모두 웃음을 터뜨렸다. 그는 어머니와 아버지가 자신을 진정으로 사랑한다는 사실과, 앞으로의 험난한 길을 부모와 함께 헤쳐 나갈 수 있으리란 사실을 깨달았다.

이 세상 부모들이 모두 자기 자녀들에게 다음과 같이 이야기해줄 수 있을 정도로 건강하고, 현명하며, 성숙한 부모들이라면, 나는 이 세상의 역사가 바뀔 수 있으리라 믿어 의심치 않는다.

"너는 정말 대단한 아이란다. 너는 진정한 네 자신이 되기 위해 이 세상에 태어난 거야. 네가 하는 선택들이 다른 이들에게도 영향을 미칠 수 있으니 그 선택의 결과를 항상 잘 따져보도록 해.

나는 나만의 여정을 살고 있으니 네가 나에 대해 걱정할 필요는 없어. 너는 네 안에 있는 강력한 힘의 원천을 따르도록 해. 네 본능이나 직관, 직감과 같은 것들 말이야. 이것들이 네게 있어 옳은 것은 무엇인지 늘 알려주게 될 거야.

인생은 정말이지 간단한 거야. 네게 옳은 일을 한다면, 그것이 너 자신과 다른 사람 모두에게 좋은 거야. 만약 네게 적절하지 않은 일을 한다면, 그건 너 자신과 다른 사람들에게도 옳지 않은 일일 거야. 우리는 복제 인간이 아니라 모두가 각기 다른 사람들이기 때문에 우리가 항상 모든 일에 동의할 수는 없고, 그래도 괜찮다는 사실을 알아야 해.

언제든 이 사실만은 꼭 알아둬. 네가 어떤 선택을 하든지 나는 너를 존중할 거고, 너를 소중히 여길 거야. 그리고 너를 사랑하고 아끼는 사람들이 항상 이 자리에 있다는 사실을 기억하렴."

단순히 글로 적힌 메시지이지만, 나는 이 글의 내용이 세상을 바꿀 수 있으리라 믿는다. 자녀에게 질병과 같은 좋지 않은 것을 물려주려고 아이를 낳는 부모는 이 세상에 없을 것이기 때문이다.

골치 아픈 영혼들의 분노 때문에 사람들이 폭력적으로 변하는 경우도 별로 없을 것이다. 만약 사람들이 자신의 영혼과 가까이한다면 자기파괴적이거나 삶을 회피하거나 약물에 중독된 삶을 사는 이들은 많지 않을 것이다.

또한 정치인이나 종교인들에게 책임을 떠넘기는 생각 없는 사람들도 많지 않을 것이다. 정치인이나 종교인들은 인생의 문제에 미봉책만을 제시하고 다른 사람들에게 책임을 전가하도록 만든다. 그리고 정당한 위험을 감수하며 각자의 여정을 통해 보상을 얻도록 하기보다 이데올로기에 따르도록 만든다.

부모가 우리에게 만들어준 틀에서 우리가 벗어나고 싶어 하듯, 우리 자녀들을 자유롭게 하려면 우리는 각자의 삶을 운용해나갈 수 있어야 한다. 우리가 지금 내뱉고 있는 말 그대로, 우리가 진정으로 아이들을 사랑한다면 아이들이 나와 똑같이 살아야 한다는 기대에서부터 아이들을 자유롭게 놓아줘야 한다.

왜 그렇게 해야 할까? 우리 부모의 역할이 충분치 않아서? 아이들이 부모의 삶을 재현해야 할 이유가 없기 때문이다. 아이들은 부모의 염려대로 살아갈 필요가 없다. 어쩌면 이 문제는 부모의 불안감과 부모가 각자의 삶을 마주할 용기가 부족해서 생긴 것일 수 있다.

내가 꽉 막혀 있는 부분에서 나의 자녀들 또한 막혀 있는 것일 수 있다. 내가 두려움에 사로잡혀 있거나 허락받지 못한 상태라면 내 자녀들 또한 나와 마찬가지가 될 것이다. 다른 사람으로 인해 내가 성장을 회피하게 된다면 그들 또한 나의 미성숙함을 반복하게 되거나 책임감으로 인한 과도한 부담을 지게 될 것이다.

부모로서 우리는 성장하고 맡은 일에 최선을 다하며 자신만의 진정한 여정을 살아가야 한다. 그렇게 함으로써 운명이 우리에게 짐을 지워놓은, 영혼으로부터의 끔찍한 방해를 지워야 할 의무가 있다. 바로 이런 방식으로만 우리가 치유되고 우리 자녀들이 치유될 수 있으며 아이들의 무한한 가능성은 자유를 얻는다.

17장

영혼은 우리를
어디로 안내하는가

17장

영혼은 우리를
어디로 안내하는가

융이 제시한 중요한 개념들 가운데 하나가 바로 '그림자'다. 그림자로부터 악^{evil}이 생겨날 가능성이 크다 할지라도, 그림자는 악과 동의어가 아니다.

나는 악을 우리 자신의 일부, 조직이나 단체의 일부라 정의내리고 싶다. 악을 의식하게 되면 우리가 지향하는 가치들에 모순을 느끼거나 소심한 영혼이 위협을 당해 자신에 대한 개념에 문제를 겪게 된다.

우리의 그림자에 대해 알고 그와 마주하는 것은 도덕적으로 중요한 문제다. 그림자와 마주하게 되면 자기도취적인 행동을 보이는 이유와 비겁한 퇴보 현상, 그리고 우리의 가치를 손상시키는 실수들에 대해 파악할 수 있다. 그리고 이는 여전히 '자신의 마음에 들지 않는' 부분에 대한 죄책감에 사로잡히지 않아야 함을 의미한다.

알렉산드리아의 신학자 필로^{Philo}는 "우리가 만나는 사람들 모두가 각자 아주 커다란 문제를 안고 살아가는 사람들이기 때문에 우리는 반드시 모든 사람들에게 친절해야 한다"고 2,000년 전에 말했다. 그의 이야기를 들어보지 못했더라면 다툼이 생겼을지도 모를 상황에서 그의 이야기로 인해 우리는 지구상에 존재하는 사람들을 친절하게 대해야 한다는 생각을 하게 된다.

하지만 고백하건대, 지금껏 나 자신에게는 이 원칙을 지키지 못해왔다. 남들에게 잘해주는 일은 쉬워도 나에 대한 기대치를 늘 높게 잡고 있기 때문에 자신에게는 관대하기가 어려웠던 것이다. 다른 사람들을 종종 용서하고 그들을 존중하는 일에 거리낌이 없지만, 나 자신을 그렇게 대하는 일은 결코 쉽지 않다.

테렌스는 "그 어떤 인간적인 것도 나에게는 낯설지 않다"라고 했다. 개인의 성품 목록에 사기꾼이나 겁쟁이, 음탕한 자, 인색한 자, 심지어 난폭한 자까지 포함시켜야 한다. 나는 지금까지 아무것도 죽인 적 없다고 주장할지 모른다. 그러나 아마도 무의식적으로 나의 잠재력을 죽이고 자신이 바라는 꿈이나 다른 이들의 꿈을 사라지게 했으며 합리화를 하며 매일매일 이 세상에서 일어나는 수많은 살인에 연루되었을지 모른다. 이와 같은 공모에 대해 인정하는 것은 마치 진흙을 덮어 쓴 채로 가만히 움직이지 않고 있는 한심한 사람으로 전락해버리는 느낌이 든다.

세상에 옳지 않은 일은 나에게도 옳지 않은 일이다. 세상에서 바로 잡아야 할 일은 이웃에게 설교함으로써가 아니라 먼저 나부터 시작해야 한다는 사실을 아는 것, 이것이 바로 지혜의 시작 아니겠는가?

융은 그림자가 없는 사람은 피상적인 사람이라 언급했다. 나는 수년간 자신에게는 그림자가 없다고 주장하는 사람들을 만났다. 이들은 모두 별 탈 없이 잘 살고 있었고, 선의를 지닌 이들이었으며, 타인들에게 폐를 끼치지 않는 이들이었다. 하지만 자신의 행동이 의미하는 미묘한 차이나 자신이 선택한 일에 대한 의도치 않은 결과, 자신이 만들어낸 무미건조한 삶에 대해 이들은 잘 알지 못했다.

우리의 그림자에 대해 무언가를 배울 수 있는 가장 확실한 방법 중 하나는 바로 우리를 정말 잘 알고 있는 사람들, 즉 우리와 함께 살고 있는 사람들에게 물어보는 것이다. 우리의 무엇이 이들을 괴롭히거나 상처를 주고 방해하는지 알려달라고 부탁해보라. 많은 이들이 이와 같은 잠재적인 고발장을 받으려하지는 않을 것이다. 하지만 우리의 관계 속에서나 자녀들을 통해서, 우리 시대의 병리학에 대해 우리 자신도 모르게 이바지하는 부분들 때문에 이와 같은 일들이 매일매일 생겨난다.

지난 몇 년에 걸쳐 자신의 모습을 자각하게 된 사람이라면 누구나 종종 뒤를 돌아보고 몸서리칠 것이다. '내가 무슨 생각으로 그랬을까?' '내가 왜 그랬던 걸까?' '왜 그때 내가 해야 할 일을 하지 않았지?' 이런 식으로 생각할 것이다. 이와 같은 후회의 목록들은 우리가 인생을 살아온 기간과 비례한다.

그림자에 관한 가장 큰 문제는 여전히 우리 눈앞에 놓여 있을 것이다. 대부분이 저항하고 합리화해버리며 피하려고만 하는 가장 큰 그림자는 바로 이루지 못한 삶이라는 사실을 나는 알게 되었다.

우리가 앞서 살펴본 것처럼, 융은 자녀의 가장 큰 부담은 바로 부모가 이루지 못한 삶이라 언급했다. 나는 우리 영혼이 져야 할 가장 큰 짐 역시 이와 마찬가지로 이루지 못한 삶이라고 생각한다. 우리 내면의 무언가는 우리에게 무엇이 옳은지, 어떤 길이 우리가 가야 할 길인지 알고 있다.

내면의 무언가는 우리가 안주하고 있는 곳에서 성장과 발전의 길로 우리를 이끈다. 우리가 지금껏 살아오면서 도달한 지점보다 더 나은 곳으로 이끌어준다.

고대인들의 용어를 빌리자면, 우리 모두에게는 '정령daimon'이 존재한다. 정령이란 주동자와도 같고, 우리를 통해서만이 아니라 세상을 통해서 연결되는 보다 큰 에너지와의 연결고리이기도 하다. 고대인들이 이해한 대로, 정령은 수호의 정신이자 인간과 우주를 연결하는 연결고리였다.

우리 모두는, 특히 어린 시절에, 이와 같은 경험을 해본 적이 있다. 그러나 어른이 되어 설득하는 그 목소리를 듣게 되면 마치 위협처럼 느껴진다. 정령의 목소리가 우리에게 너무나 많은 것을 요구하는 것처럼 느껴지고, 우리가 안주하던 공간으로부터 빠져나올 것을 요구하기 때문이다. 그와 같은 순간에 우리는 내면의 목소리를 따르는 일을 연기하거나 억압하거나 다른 곳으로 정신을 돌린다.

내게 무언가를 하고 싶다고 이야기하던 이들이 아주 많았다. 예를 들면 책을 쓰고 싶다거나 하는 등의 희망사항이 있었다. 하지만 과연 몇 명이나 그 바람을 실천했을까? 두려움 앞에 복종해 편안함을 추구해야 한다는 설득과 자신의 희망을 위해 희생해야 한다는 사실 사이에서 매일 방황할 뿐이다. 이들은 자기회의를 접어두고 매일 필요한 훈련을 거쳐 편안함에 안주하는 것보다 더 큰 인생의 길을 보여줘야 한다. 이렇게 하지 않는다면, 이들 내면의 무언가가 그 사실을 알고 슬퍼하며 안타까워하게 된다.

우리가 바라는 바가 무엇이든 이렇게 도피하는 경우가 늘어나면 우리 안의 그림자는 더욱 크게 자라서 우리의 삶을 위협하게 된다. 결국, 내가 만약 나 자신을 마주할 수 없거나 두려움을 인정하지 못한다면, 이 세상에서 쉽게 마주치는 외부의 두려움을 어떻게 감수할 수 있겠는가?

자아비판의 목록이 점점 늘어나고 있는 상황에서 우리 자신을 용서하는 일과 삶을 향해 나아가는 일이 점점 더 어려워진다는 사실을 우리는 알고 있다. 물론, 자신과 타인에게 어떤 결과가 나타날 것인지 알지 못한 채 무신경하게 삶을 살아가는 태평스러운 사람들도 있다.

그들 중 몇몇은 소시오패스(반사회적 성격 이상자)이거나 메마른 감정의 사막에 사는 이들이다. 이들은 감정을 느끼는 일을 멈춘 지 벌써 오래다. 하지만 대부분은 그렇지 않다. 죄책감이나 수치심, 혹은 자괴감에 시달리는 사람이 이보다 훨씬 더 많다.

이와 같은 해로운 감정들은 불가피하게 생겨나 계속해서 변화를 저해하는 독소로 영혼을 해치고 있다. 12단계 프로그램에서는 타인에게 피해를 준 경우 전부를 리스트에 적어내도록 한다. 그렇게 한 뒤 더 이상의 문제가 생기지 않도록 피해를 입힌 사람들에게 자신의 잘못을 고백하고 보상할 것을 권한다. 물론 모두 좋은 방법이다. 하지만 우리는 피해자 명단에 하나의 이름을 더 추가해야 한다.

우리 자신의 이름이다.

우리 중 누군가는 이미 벌어진 일이나 행하지 못했던 일들을 후회할 수도 있다. 이와 마찬가지로, 우리가 했던 특정 선택의 결과가 다른 사람들에게 계속해서 영향을 미치거나 우리의 내면에 끊임없이 전이될 수 있음을 이해해야 한다.

이 같은 불만족함에 대한 무의식적인 보상 계획은 강박증의 형태로 나타날 수도 있다. 과거의 끝나지 않은 일이 현재를 지배하는 형태로 나타나기도 한다. 새로운 시도를 회피하거나 자기태만을 보이거나 다양한 감정에 관여하지 않으려는 태도 등으로 나타날 수 있는 것이다.

과거는 분명 사라지지 않으며, 사라진다면 그것은 과거가 아니다. 다시 말하지만, 정말로 중요한 질문은 바로 다음과 같다.

"무엇이 우리를 이렇게 하도록 하거나 하지 않도록 하는가?"

그렇다면, 어떻게 우리는 자신의 마음에 들지 않는 부분까지도 스스로 사랑하는 법을 배워야 한다고 말할 수 있을까? 예수의 삶에서 역설적인 부분 중 하나가 바로 우리의 적을 사랑하고 우리를 괴롭히는 사람들을 포용하라는 가르침이다. 적을 사랑하는 일은, 내 적 또한 그러하듯, 나 자신을 사랑해달라고 요청하는 것과 같다.

만약 이러한 삶의 불협화음과 (결코 쉽지 않은 세상이 주는) 고통에도 불구하고 내적 현실과 조화를 이루며 살 수 있다면, 우리는 우리를 지지하는 에너지와 확고한 영향력, 목적의식을 지닌 것이다. 우리가 궤도를 벗어나면 우리의 영혼은 우리로부터 등을 돌린다. 심지어 약물까지 동원해 세상과 내적 현실 사이의 불협화음을 무력화했더라도 우리에게는 여전히 단순하고도 명백한 문제가 남아 있다.

"우리의 영혼이 원하는 바는 과연 무엇인가?"

우리의 영혼이 원하는 것은 (우리를 보호해주지만 계속해서 생겨나는) 콤플렉스와는 완전히 다르다. 이 간단한 질문이 위협적인 이유는 이런 의제가 매우 빠르게 우리 삶의 작은 부분이 아닌 큰 부분으로 이어지며, 이 부분이 우리의 인생 여정이 무엇에 관한 것인가라는 질문을 재구성하는 데 반드시 필요한 것이기 때문이다.

자기 자신에 대해 어느 정도 의식하고 있는 사람이라면 누구나 순진함과 과장의 첫 번째 희생양인 자존감을 버릴 수 있다. 그렇다면 그 이후에 우리는 어떻게 생산적이며 성장하는 삶을 살 수 있을까? 일반적이며 검증되지 않은 자존감은 종종 과대평가된다. 만약 그냥

바빠서 바쁘게 지내는 것이 아니라 원래 하려고 했던 일을 하고 있기에 바쁜 것이라면 자존감이라는 오래된 질문은 바쁜 삶 속에서 슬그머니 자취를 감춰버릴 것이다.

　우리가 사려 깊게 생각할수록 용서를 구하는 일들의 목록은 점점 더 늘어난다. 우리가 주변 사람들에게 세심할 때 우리 자신을 용서하는 일이 더 어렵기 때문에 나는 늘 품위라는 개념을 생각하곤 한다. 신학자 폴 틸리히는 품위에 대해 가장 잘 표현한 사람이다. 그는 품위란 '우리가 받아들여지지 않는 사람들이라는 사실에도 불구하고 우리가 받아들여졌다는 사실을 받아들이는 것'이라고 정의했다.

　그렇다. 사려 깊고 진지한 성인의 책임을 고려해본다면, 단점이 적힌 목록은 정말이지 꽤 긴 편이다. 그러나 우리가 단지 인간일 뿐이며 연약하고 상처받기 쉽고 상처로 가득한 과거에 얽매인 존재라는 사실을 감안했을 때, 왜 우리는 다른 사람들에는 품위라는 수단을 쉽게 베풀어주면서도 우리 자신에게 허락하지는 않는 것일까? 자신을 비난하는 것이 우리의 특별함에 대한 자기도취의 다른 형태가 아닐까? 우리가 다른 사람들에게 줄 수 있는 품위라는 가치를 스스로에게는 부인하는 비뚤어진 만족의 형태가 아닐까? 이것이 우리 자신의 마음에 들지 않는 부분이라도 사랑하지 못하는 사랑의 실패가 아닐까?

우리 자신의 마음에 들지 않는 부분까지도 사랑하는 것은 그 부분 또한 바로 우리 자신의 일부라고 인정하는 것이지 그를 시인해야 함을 의미하는 것은 아니다. 이와 같은 우리 영혼의 골치 아픈 부분들은 인간이라는 존재에 형태와 깊이를 부여한다. 형태나 깊이가 없었다면 우리는 과도한 제재나 사회적 압력, 합의에 의해 길들여지는 환경의 창조물이나 '선'을 행하는 작은 로봇이 되었을 것이다.

이러한 부분들은 우리가 자란 과거의 방식대로 얄팍한 영혼을 지닌 1차원적 존재가 되도록 하는 것이 아니라 우리만의 특성을 전해준다. 우리의 마음에 들지 않는 부분들은 우리를 인간적인 존재로 만들어주고, 품위와 사랑을 얻을 자격이 있는 존재로 만들어준다. 오로지 인정받는 품위와 치유의 힘이 있는 사랑만이 우리를 보다 더 큰 영혼의 삶으로 이끌어줄 수 있으며, 영혼의 풍족함에 대한 비난이나 폄하를 하지 않도록 해준다. 게다가 역설적이게도, 우리의 자아의식이 다른 사람을 향했을 때 자신의 마음에 들지 않는 부분까지도 사랑하는 행동을 취해야만 우리는 다른 사람들 또한 사랑할 수 있다.

이렇게 다른 사람들을 받아들이는 일은 우리 안에 내재하고 있는 타인을 인정하는 그 지점에서부터 시작할 수 있다. 솔직히 말하자면, 나는 나 자신에게 이렇게 하기 위해 아직도 노력하고 있는 상태다.

18장

일, 의무, 소명의 차이는
무엇인가

18장

일, 의무, 소명의 차이는
무엇인가

우리에게는 반드시 책임져야 할 의무가 있다. 예를 들면, 우리의 직업이나 배우자에 대한 의무 같은 것들이다. 우리에게는 소명에 대한 의무 또한 있다. 그렇다면, 이 두 가지의 차이점은 무엇이며 어떻게 그 차이를 구분할 수 있을까?

간단히 말하자면, 직업은 우리가 일상생활을 영위하기 위해 돈을 버는 수단이다. 우리는 생활비를 내고 우리 자신과 가족들을 부양하며, 우리가 사는 이 세상에 기여하기 위해 직업을 가져야 한다. 나는 잔디 깎기도 해보았고, 당시로 치면 상당한 금액이던 시간당 1.75달러를 받으며 식료품 창고에서 일해보기도 했다. 시간당 4달러짜리 청소 대행 일도 해봤고, 외국인들에게 영어도 가르쳐봤다. 그리고 지금까지 대학에서 교수로 학생들을 가르치며 전문 작가, 강사, 정신분석전문의로 일하고 있다.

아주 오래전 식료품 창고에서 일했던 경험은 기계가 어떻게 작동하고 생산 라인이 어떤 방식으로 돌아가는지 알 수 있게 해주었다. 무엇보다 대부분의 남성과 여성들이 (우리 아버지도 포함해서) 어떻게 그들의 인생을 살아가고 있는지 알 수 있었다.

청소 대행과 영어 교습은 내가 다른 나라에서 살던 때 했던 일들이다. 이 일을 하면서 감사하게도 연구 자금을 마련할 수 있었고 그 경험들을 통해 생존의 기술이나 최대한 절약하며 사는 방법, 절제력 등을 배울 수 있었다.

거의 한 평생 쉬지 않고 일해오신 우리 부모님은 내 롤모델이 되어주셨다. 부모님은 그들의 삶이 아니라 우리 형제를 위해 일하셨다. 부모님은 자신들의 영혼을 상당 부분 희생하여 우리 형제가 부족함 없이 자랐다는 사실을 분명히 알고 있다. 그래서 내가 성인이 되면 부모님이 그랬던 것과 똑같이 행동하리라 다짐했었다. 나 자신뿐 아니라 가족을 책임지기 위해 그 어떠한 희생도 치를 것이란 사실을 나는 결코 의심해본 적이 없다.

지금까지 나는 줄곧 하나 이상의 직업을 동시에 가져왔다. 지금껏 가져왔던 다양한 직업들이 각각 내 정신과 영혼에 활력을 불어넣어 줌으로써 한 편의 이야기가 완성되어가고 있다.

의무는 다른 사람들의 정당한 요구를 받아들이는 것이다. 의무란 우리 사회를 지속시키는 방법이다. 나는 심신의 괴로움을 겪으면서도 매일 아침 일어나 각자의 일터로 떠나는 모든 이들을 존경한다.
이들은 소로우가 말한 '조용한 절망의 삶'을 향해 갈 수도 있다. 그럼
에도 이들은 자기 자신과 이들의 보살핌이 필요한 가족들의 삶을 부
양하고 있다.

나는 우리 동네를 지나는 버스가 운행되도록 해주는 모든 사람들,
언제든지 우리를 도와줄 준비가 되어 있는 소방관과 경찰관들, 공무
원들에게도 감사한다. 우리 동네의 쓰레기를 치워주고 거리에 쌓인
눈을 치워주며 모든 시스템이 가동되도록 해주는 사람들에게 감사한
다. 출근길에 지나치며 만나는 그분들을 생각하며 나는 매일 감사한
마음을 갖는다. 그리고 나이든 분들과 더 이상 일을 할 수 없을 만큼
쇠약해진 분들을 생각하며 그들이 자신의 삶을 되돌아보고 진정한
공동체가 무엇인지에 대해 알려준 데 감사한다.

그들은 모두 자신들의 의무를 다 하고 있다.

《인생의 창조 Creating a Life》라는 책에서 나는 존 파울즈의 《프랑스
중위의 여자》라는 훌륭한 작품에 대해 언급했다. 이 책은 모더니즘

이 충돌, 해체되고 이전 시대의 확실성이 약화된 빅토리아 시대를 배경으로 하고 있다.

이 책의 주인공 찰스는 에르네스티나라는 젊은 여성과 약혼한 독실하고 성실한 남자다. 그는 당시 새롭게 생겨난 지질학을 연구하면서 의무의 갈등에 떠밀리게 된다. 지질학은 자신이 믿고 있던 종교적 가치에 반하는 새로운 학문이었고 자신의 종교적 관점과 달리 이 세상을 훨씬 더 복잡하고 긍정적인 곳으로 가정하는 학문이었다. 그는 종교적 가치에 대한 의무를 갖고 있었고, 동시에 과학자로서의 직업적 소명에 대한 의무 또한 갖고 있었다. 그는 어떻게 해야 했을까?

그가 사랑에 빠졌던 한 여성과의 만남을 통해 이 같은 딜레마는 더 강화된다. 그는 에르네스티나와의 약혼이라는 구속력 있는 법적 계약에 대한 의무도 지고 있었다. 계약을 깨는 것은 법적인 제재가 가해지는 일이었으며, 최악의 경우 공개적인 비방이나 추방을 당할 수도 있었다. 그는 과연 어떻게 해야 했을까?

융은 대부분의 신경증과 고통스러운 내면의 분열은 우리가 정당한 의무들 가운데 오직 하나만 선택해야 하는 상황을 경험하게 되기 때문에 생겨난다고 봤다. 결국 지질학자인 찰스는 고통스러운 선택을 하게 된다. 그는 자신의 경력과 평판을 망치고 두 명의 여성 모두를 잃게 된다. 여러분이 이 책을 읽고 그가 한 선택의 이유가 무엇이었는지 알아내도록 결론은 소개하지 않겠다.

우리는 언제든 어려운 선택에 직면하고, 살면서 상당한 고통을 겪게 되는 때도 많다. 융은 다시 한 번 이 같은 종류의 딜레마에 대해 언급했다. 아무 생각 없이 A나 B를 선택하는 일은 다른 한쪽의 정당한 주장을 위반하는 일이 된다. 융의 조언은 우리가 견딜 수 있는 한 자신의 내면에서 양 극단의 긴장을 견뎌내고 '제3자'가 출현할 때까지 기다려야 한다는 것이다. 그렇다면 과연 제3자는 무엇일가?

우리의 의무에 각각 정당한 권리를 부여하는 A와 B 사이의 선택에서 제3자는 분별력을 나타내며, 그 선택은 보다 발전적인 여정으로 우리를 소환한다. 예를 들면, 수많은 훌륭한 사람들은 가족의 안녕을 지키는 일을 영광스럽게 여기고, 그들이 반드시 그 일을 잘 해내야 한다고 생각한다. 하지만, 앞서 이 책에서 확인한 것처럼, 이 같은 의무는 마치 죄를 지은 듯 지나친 불안을 만들어내는 오래된 콤플렉스처럼 종종 여겨진다.

때로 부모와 자식 사이의 관계에는 지나친 희생이 뒤따르기도 한다. 가족 간의 분위기가 너무 좋지 않을 경우, 아이는 자신의 삶을 지켜나가기 위해 가족으로부터 달아나야 할 때도 있다. 성인이 된 그 아이는 부모가 자기도취에 빠져 자신에게 복종을 요구하면, 그때도 자신의 인생 여정을 지키기 위해 부모로부터 달아나야만 한다.

A 혹은 B 사이에서 한쪽을 반드시 선택해야 할 때, 그 사람은 어떤 쪽을 결정하게 되는가? 한편으로, 그 상황을 떠나버린다면 미숙함 때문이거나 도피 행위라 할 수 있다. 그 사람은 해결되지 않고 남아 있는 문제를 끝마쳐야 한다. 다른 한편으로, 그 상황에 남아버릴 수도 있다. 이는 콤플렉스의 요구 때문이며, 단순히 책임져야만 하는 의무에 복종하는 일이기도 하다. 또한 이와 같은 이유로 남아 있는 것은 그 자신의 심리정신적인 온전함을 파기하는 일이다.

우리는 외부로부터 또 다른 결론을 내리도록 지시할 수는 없다. 일반적인 생각과 달리 '결혼생활을 유지시켜주는 일'은 심리치료사가 해야 할 일이 아니다. 심리치료사의 의무는 양측이 실제로 겪은 고통과 분별하기 어려운 감정을 식별함으로써 제3의 방법이 무엇인지 파악하도록 돕는 것이다. 양측이 이 과정을 충실히 이행할 경우, 대부분은 다음과 같은 결론에 동의하게 된다. 발전적인 방법을 계속 찾아나가거나 양측에 대한 이해와 믿음을 통해 문제를 해결하는 것.

우리 모두는 포기나 실망감에 대한 콤플렉스를 갖고 있다. 하지만 심리치료사들이 가장 잘할 수 있는 부분은 고통받고 있는 양측에게 상대방에 대한 의무가 있고, 다른 한편으로는 영혼에 대한 의무 또한 있다는 사실을 이해하도록 돕는 일이다.

우리가 영혼을 직업과 의무가 혼재된 것으로 여길 때 소명에 대한 의문이 제기된다. 소명은 라틴어인 'vocatus'에서 유래된 것으로 '소집'이나 '호출'을 의미하는 단어다. 자아의식은 소명을 호출하지 않고 대신 자아나 그 사람 자체가 호명된다. 과연 무엇으로부터 호명되는 것일까? 하느님이나 자연, 혹은 영혼으로부터일까? 여러분이 선호하는 은유를 적용해보라.

호명된다는 것은 연약하고 긴장된 상태인 자아의식이, 어느 순간에나 그러하듯, 고정되어 있거나 흐르는 상태로 보다 더 큰 맥락에서 늘 함께 살아가고 있다는 것을 의미한다. 이제 막 어른이 된다는 것은 어두운 바다 위를 떠다니는, 금방이라도 부서질 것 같은 코르크 마개처럼 조그만 공간 위에 우리의 자아가 서 있으며, 우리가 책임져야 하는 거대한 소환이 존재한다는 사실을 깨닫는 일이다. 선택의 모든 순간에 우위를 갖게 되는 것은 결국 자아다.

비록 우리의 무의식에서 비롯된 것이라 할지라도, 모든 시스템과 윤리, 법률 지식, 도덕적인 시각은 개개인에게 행위의 책임이 있다고 판단한다. 나는 판사에게 "그건 제 무의식에서 비롯된 것이니 그에 대한 책임이 제게는 없습니다"라고 말할 수 없다. 그 어떤 문명화된 체계도 우리가 약삭빠른 계략으로 빠져나가는 것을 허용하지 않는다.

우리는 이 세계와 우리의 일상생활에 각각 책임이 있으며 우리 자신의 영혼에도 책임이 있다. 우리가 하는 이질적인 주장들은 일치할 때도 있고, 또 다른 때는 우리에게 상당한 고통을 주기도 한다.

직업을 갖는 것은 우리의 소명에 대한 의무다. 때로 운 좋게도 어떤 사람들에게는 직업과 의무와 소명이 한 가지 형태로 존재한다. 나도 그처럼 운 좋은 사람들 가운데 하나다. 항상 그랬던 것은 아니지만, 지금까지 수년간 직업, 의무, 소명 이 세 가지가 하나의 형태로 존재해왔다. 매일 나는 그에 대해 감사한다. 생계를 유지하도록 해주는 내 직업, 내가 사는 이 세상에 기여할 수 있는 나의 의무, 수업이나 책, 심리치료 등의 형태로 가르치는 일을 하고 있는 나의 소명 모두가 지금은 하나의 촘촘한 그물망처럼 엮여 있다.

지금은 가난하게 자란 아이도 교육의 힘이나 각자의 노력을 통해 조상들이 경험했던 것보다 훨씬 더 만족스러운 삶을 만들어낼 수 있는 시대다. 이런 시대에 태어난 나는 지금껏 내게 허락된 특권을 평생 잊지 않을 것이다. 이 세상에 존재했던 모든 인류가 이 같은 기회를 가질 수 있었던 것은 아니기 때문이다.

융이 언급한 개성화라는 개념은 이런 관점에서 영혼에 대한 의무를 의미한다. 우리가 받아낸 허락은 자아도취적 방종과 시공간적 규범에 대한 (정신을 온전히 지키는) '저항'을 통해서가 아니라 진정한 소명이 일반적으로 요구하는 (언제나 고통을 수반하는) '희생'을 통한 것이다. 융에게 개성화는 자아의 주권에 관한 것이 아니라 희생에 관한 것이다.

그렇다면, 희생되는 것은 무엇인가? 바로 자아의 위안과 평탄하지만 낡은 길이다. 디트리히 본회퍼Dietrich Bonhoeffer는 독일 출신 신학자로 뉴욕의 유니언신학대학에서 학생들을 가르치며 비교적 평탄한 삶을 살고 있었다. 하지만 그 역시 소명을 갖고 있었다. 그는 고향으로 돌아가 히틀러 치하의 제3제국에 반대하며 수많은 무지한 이들을 지휘했다. 비록 빈민한 사람들의 희생양이 되어 생을 마감했지만, 그는 자신의 신념에 대한 소명을 다한 인물이었다.

그가 쓴 편지 가운데 하나를 보면, 그는 그 끔찍한 시간과 장소에서 하나님께 자신을 체포한 사람들로부터 자기를 구해내달라고 기도하지 않았다. 대신 그는 하나님이 그에게 요구한 방법대로 행함으로써 자신이 용기와 통찰력을 가질 수 있게 해달라고 기도했다. 그가 그런 모습을 보였던 것과 자기 영혼의 진실을 증명해보였다는 사실 때문에 우리는 오늘날까지도 그와 그처럼 커다란 영혼을 지닌 수많은 이들을 존경한다.

우리 대부분은 그처럼 극적인 삶을 살게 되지는 않을 것이다. 하지만 우리는 매일 어떤 사람이 될 것인지 결정해야만 한다. 그리 오래 생각할 필요는 없다. 우리는 일상의 적당한 의무가 삶을 지속시켜가도록 내버려둘 수 있다. 콤플렉스들이 지금껏 우리를 위해 프로그래밍 되었던 그 방식 그대로 전개되도록 가만히 둘 수도 있다. 우리가 결코 더 커다란 삶의 편에 서지 못한다고 할지라도, 우리가 해내야만 하는 의무에 무엇이든 기여하게 될 것이다.

적어도 우리 대부분에게 개성화란 역사라는 커다란 캔버스 위에 그려질 용감한 행위를 의미하는 것이 아니다. 개성화는 그보다 훨씬 더 어려운 일일지도 모른다. 개성화는 그렇지 못했던 날들보다 더 많이 우리 자신의 있는 그대로의 모습을 드러내기 위해 단순하게 노력하는 방법일 수 있다. 역사나 신, 자연, 운명에 의해 요구되는 모든 것들은 우리의 진정한 모습이 어떤 것인지를 보여준다.

'나는 누구인가?'라는 질문의 진정한 의도는 우리를 세상에 맞춰나가는 것도, 평범한 사람이 되는 것도, 다른 누군가의 삶을 모방하는 것도 아니다. 결국 이미 그렇게 되어버린 일을 왜 우리가 반복해야 하는가? 개성화는 우리를 성장하도록 하고, 개인적인 특성에 맞춰 살아가도록 하며, 훌륭한 사람이 되도록 하는 명령이다.

개성화는 각자의 고유성으로 인해 세상에 완벽하게 들어맞지 않는 우리 자신이 이 세상에 기여할 수 있도록 함을 의미한다. 우리가 소명을 우리의 영혼처럼 버리거나 그로부터 달아나고 피하거나 교묘하게 처리할 때, 그것이 얼마나 자그마한 일부이든 관계없이, 역사의 모자이크 조각 하나가 빠져나가 버리게 된다.

우리 모두는 영혼이 우리에게 요구하는 바가 무엇이며, 아무리 위험한 길이더라도 우리에게 어떠한 길이 가장 옳은 길인지 잘 알고 있다. 때로 부적절하거나 심지어 망가진 방식임에도 그렇게 살고자 노력하면서 우리가 알고 있는 바에 대응하는 일이 인생이 우리에게 요구하는 전부다. 우리가 자립하며 살도록 하기 위해 삶은 우리에게 직업을 갖도록 하며, 서로를 연결하기 위해 의무를 요구한다. 그리고 인간이라는 종이 그 시작을 열었으나 아직은 다다르지 못한 긴 여정에 우리 각자가 엄청난 풍요로움을 기여할 소명을 요구한다.

19장

성숙한 영성은
가능한가

성숙한 영성은
가능한가

영성은 우리가 살고 있는 이 시대에서 의미가 가장 불분명한 용어들 가운데 하나다. 영성의 의미는 무엇일까? 종교라는 용어와는 어떻게 다른가? 영성과 종교는 같은 의미인가, 아니면 상충되는가? 어떻게 우리는 영성을, 특히 성숙한 영성을 식별할 수 있을까? 과연 누가 이에 대해 판단할 수 있을까?

이 문제에 대한 답을 구하기 위해서 우리는 첫 번째로 권한의 문제에 의문을 가져야 한다. 과연 누가 이러한 결정을 내릴 수 있는가? 우리 자신일까, 아니면 다른 누군가가 우리를 위해 결정 내려줄까? 만약 이 권한이 우리의 현실과 모순된 것이거나 우리 내면에 깊이 자리한 것이라면 어떻게 될까?

역사적으로 권한은 부족에 있었으며, 그 부족의 연장자나 조상들, 전통적으로 내려오는 이야기들로부터 그 권한이 전해졌다. 다른 부족들도 이와 동일하게 전해 내려오는 권한과 신성시되는 전통을 갖고 있었다. 만약 누군가가 받은 권한보다 우월한 진리에 대해 주장하거나 다른 사람이 이미 인정받은 지위를 부인할 때 문제가 생긴다.

조지프 캠벨^{Joseph Campbell}의 냉담한 말처럼 "신화는 타인의 종교다."

안타깝게도, 지금까지도 계속되는 종교전쟁 및 대부분의 부족 중심주의는 인간이라는 동물의 근간을 이루는 불안정함을 적나라하게 보여준다. 인간은 자신의 내적 안정을 적절히 관리할 수 없다.

인간은 "나는 옳고, 너는 틀리다" 혹은 "내가 믿는 신이 진실한 신이고, 네가 믿는 신은 가짜다"라는 식의 원시적인 방어에 의지한다. 우리는 인간의 역사를 통틀어 콤플렉스로 가득한, 종족주의적인 종교전쟁이라는 끔찍한 상황을 겪어왔다. 이는 우리가 애매모호함을 받아들이거나 신비를 존중하는 유일한 방법인 신비 그 자체를 그대로 두는 것이 어렵다는 사실을 알려준다.

신비를 독점하거나 성문화하거나 누군가의 것으로 만들지 않고도 그 신비는 남아 있다. 이와 같은 신학체계에 숨겨진 공공연한 자만심은 생각이 깊은 사람에게는 부끄럽게 느껴질 정도다. 하지만 인간의 불안정함은 무엇이든 정당화할 정도로 대단한 위력을 갖고 있다.

미국과 기타 여러 선진국에서 많은 이들이 선택하는 종교는 두 가지 형태로 나타난다. 그중 한 분파는 종교를 따르는 무리에게 도덕적 완벽의 기준에 맞추는 일에 어떻게 실패했는지 상기시킨다. 그럼으로써 죄책감에 시달리도록 만들면서 이들을 어린아이 취급한다.

이러한 책략은 우리 대부분의 머릿속에 존재하는 부모의 이마고를 활성화시킨다. 이마고는 처벌과 승인의 철회 모두를 위협한다. 이 두 가지는 모두 아이를 망치는 것으로 증명되었으며, 양육의 무력함을 암시하기도 한다. 그렇게 자란 아이는 자신의 개인적 가치를 제대로 느끼지 못하며 타인을 신뢰하지도 않는다. 성인의 몸으로 다니고는 있지만, 이들 내면에는 겁에 질린 아이의 모습이 존재한다. 인간의 취약함을 악용하는 사람들은 부끄러운 줄 알아야 한다.

반면 사람들이 가장 듣고 싶은 이야기를 번지르르하게 늘어놓는 사람들도 있다. 이들은 사람들에게 올바른 행동과 올바른 생각, 올바른 실천을 한다면 소원이 이루어진다고 말한다. 이렇게 오만하고도 기회주의적인 보상은 수천 년 전 전도서와 직업의 지혜에 의해 산산이 조각나버렸다.

하지만 현대의 물질주의나 쾌락주의, 자기중심주의에서 소망을 만족시키는 일보다 더 중요한 것은 무엇일까? 왜 우리는 저 하늘 위에 있는 신, 우리의 자그마한 인생에 아낌없이 모든 선물을 퍼부어줄 신의 마음에 들기 위해 노력을 아끼지 않는가? '신학'이라는 것은 위장된 격찬이자 광고 홍보, 동기부여주의다. 또한 신학은 탐욕과 자기도취, 쉬운 길을 거닐고 싶어 하는 욕구를 인정한다.

이들이 다시 현실 세계로 돌아왔을 때, 과연 어떤 이중 트라우마를 겪게 될까? 언변 좋은 사람들은 종교를 믿으면 개인 자산으로 금고가 가득 차게 되리라고 이들에게 홍보하고 있다. 다시 한 번 말하지만, 인간의 취약함을 악용하는 사람들은 부끄러운 줄 알아야 한다.

성숙한 영성을 추구하는 사람이라면 누구나 동서양에 걸친 수많은 전통의 폐허를 자세히 들여다볼 필요가 있다. 그 이야기 속에 위대한 지혜가 담겨져 있고 훌륭한 사례들이 가득하기 때문이다. 결국 '현대인'이란 영성에 대한 책임이 좋든 나쁘든 종족의 종교에서 개인의 어깨로 이동하고 있다는 사실을 이해하고 있는 사람이다. 이는 인간의 영혼에 존엄성을 부여하는 엄청난 자유이자 상당한 특권을 의미하는 한편, 수많은 이들에게 견딜 수 없는 부담이 되기도 한다. 이런 사람은 내면의 현실과 조화를 이룰 수 있는 것이 무엇인지 물어야 하며, 그 자신이 아니라 다른 이들에게 이야기할 수 있는 것은 거절해야 한다.

역사상 이렇게 많은 사람들에게 신화의 위기가 존재했던 적은 없었다. 즉, 자신이 갈 길을 직접 결정할 수 있는 자유가 주어지고, 자신이 갈 길과 자신의 권위를 직접 결정하는 일이 이렇게나 자유로웠던 적은 없었다.

인간 프로젝트The human project는 신비로움에 휩싸여 있다. 우리는 어디에서 왔고, 어디로 향하고 있으며, 그 사이 어딘가에서 무엇을 해야만 하는가? 이런 질문들은 시대를 초월한 보편적인 것들이다. 우리는 이 문제들을 스스로 해결하도록 요구받았다. 만약 우리가 이 문제를 해결하지 않는다면, 우리는 우리 주변의 압력에 자동적으로 따르게 되거나 다른 누군가에게 우리의 권한을 넘겨주게 된다.

이 우주 속에서든 복잡하게 얽힌 원자 속에서든 우리 자신의 내면에서든 진정한 신비와의 만남은 우리가 절대 확실히 알 수 없는 급진적인 타인과의 만남이다. 만약 우리가 타인과 만났다면, 그것은 신비가 아닌 인간이 만들어낸 자그마한 인공의 산물이었으리라.

우리는 잠시 신비와의 만남에 대한 현상학에 대해 살펴볼 필요가 있다. 우리가 진정한 타자와 만나게 되면 우리는 상황에 따라 감동을 받거나 흔들리거나 겁을 먹게 된다. 그러한 현상학적 경험을 통해 생겨나는 것은 바로 부수 현상이다. 즉, 그 경험을 통해 형성되고 초월적인 자아와 연결하는 전달수단을 만들어내는 '이미지'를 뜻한다.

그 이미지와 우리가 이해하는 바는 잠정적인 것으로, 신비 자체는 아니다. 이는 신비의 부산물이다. 그러나 그 이미지나 그 이미지의 잠정적인 형성을 신비성에 대해 해명하거나 이해하거나 통제하는 증거로 고정시키려 하는 것이 바로 인간 자아의식의 본성이다. 하지만 그럼으로써 우리는 그 이미지나 이해를 구체화하고 공고히 하여, 시간이 흘러 신비가 아닌 그 부수 현상과 결합하게 된다. 따라서 우리는 우리의 경험을 분류하고 규정한다. 아무리 진실한 의도를 갖고 있다 해도, 우리가 이러한 제3의 부산물 내에서 움직이면 움직일수록 우리는 신비 자체로부터 사라지게 된다.

더 부정적인 점은 타인의 경험에 대해 비난하면서 우리가 소유할 수 있는 정의에 대해 확신하게 된다는 것이다. 작가 앤 라모트^{Anne Lamott}가 이야기한 것처럼, 신이 우리와 똑같이 행동하는 사람을 싫어한다는 사실을 알게 될 때 우리는 신을 우리 자신의 이미지로 만든다는 결론을 내릴 수 있다.

이와 같은 질문들은 자연스럽게 정직한 사람이 프로이트의 종교에 대한 직설적인 비판을 매우 심각하게 받아들이도록 한다. 프로이트는, 전부는 아니라 할지라도, 대부분의 종교가 부모 콤플렉스와 유아기의 관계 양상이 우주의 빈 화면에 투영된 것이라고 주장했다. 마찬가지로, 종교란 사후세계와 영생의 지상 낙원을 가정함으로써 이 위험천만한 세상을 통과할 때 안정을 추구할 수 있도록 하는 노력이다. 종교가 형성되는 과정의 심리학적 근원에 대해 자세히 따져보면 프로이트의 이야기 자체가 틀린 것은 아닐지도 모른다.

그러나 나는 프로이트가 전적으로 옳다고 생각하지는 않는다. 인간이라는 동물의 삶 속에는 우주의 타자가 결코 알 수 없는 신비와 호기심, 개방성이 존재하는 지점이 분명 있다. 이와 같은 영성은 화가가 자아의 통제를 멈추고 미지의 공간으로부터 나오는 이미지를 그릴 때 나타난다. 영성은 또한 과학자가 분자나 소용돌이치는 행성의 복잡성에 대해 연구하고 과거에 제시된 것보다 훨씬 더 발전된 모델을 만들어낼 때 나타난다. 영성은 태어나 처음으로 자신의 두 팔로 아이를 안고 너무나도 연약한 존재가 스스로 숨을 쉬는 모습을 바라보면서 한 인간의 이야기가 작은 아기의 탄생으로부터 시작된다는 것을 알고, 그 이야기가 곧 펼쳐지기를 희망하는 부모에게서 나타난다.

우리가 각자의 신비를 마주하게 될 때마다, 그리고 우리 안에 있는 무한한 가능성을 마주하게 될 때마다 영성은 나타난다. 우리에게는 또 다른 삶이나 또 다른 우주가 필요하지 않다. 바로 지금 우리의 삶을, 우리의 우주를 탐험하는 것으로도 충분하다.

성숙한 영성은 다음의 다섯 가지 부분을 통해 나타날 수 있다.

첫 번째는 현대 사회와 포스트모던 사회의 본성을 통해 나타난다. 이 시기는 한때 부족의 책임이었던 것을 우리가 원하던 원하지 않던 이제 각자가 알아서 책임져야 하는 때다. 이러한 책임을 피하는 일은 스스로로부터 도피하는 것이며, 다른 이들로부터 얻은 권위에 복종하는 것이다.

따라서 우리의 첫 번째 시행착오 시도 과정은 공명의 원칙에서 찾아볼 수 있다. 공명이란 '소리의 울림'을 의미한다. 우리가 다른 누군가의 옷을 입어볼 때, 그 옷이 꼭 맞을 수도 있고 그렇지 않을 수도 있다. 또한 그 옷이 잘 어울릴 수도 그렇지 않을 수도 있다. 우리는 남의 코트를 바꿔 입어볼 수는 있지만 우리에게 잘 맞는다는 느낌이 들지 않으면 다른 누군가의 코트를 선뜻 입으려 하지 않는다.

만약 우리에게 잘 들어맞는 것이라면 울림이 생겨난다. 만약 잘 맞지 않는 것이라면, 울림이 생겨나지 않는다. 우리는 울림이 생겨나도록 하기 위해 애를 쓰면서 우리 자신을 설득할 수 있다. 하지만 이는 시간이라는 시험을 통과하지 못할 것이다.

과거에 울림이 생겨났던 것처럼 보이는 일들이 현재에는 종종 멈춰 있다. 그렇기 때문에 수많은 사람들이 피상적이고 유혹적인 세속의 이미지로 향하는 것이다. 하지만 만약 무언가가 진정으로 우리 안에서 울림을 주고 있다면, 그것은 우리에게, 적어도 지금으로서는, 옳은 일일 것이다.

내일은 내일에게 답할 것이다. 따라서 우리가 어제의 신념을 버린 것은 두려워할 일도, 죄책감을 가질 일도 아니다. 공명이 생겨났는지 아닌지에 대한 정직함에 대한 일이다. 우리가 그것을 결정한 것이 아니라, 우리의 영혼이 우리가 그러한 선택을 하도록 만든 것이다.

두 번째, 진정한 영성은 신비한 존재를 가능하게 해준다. 이는 우리의 자아에 의해 생겨나는 것이 아니라 우리의 약속을 간청하는 것이다. 심지어 충격적인 경험 또한 때로 신비한 것이 될 수 있다. 이러한 경험이 우리를 놀라게 하고 우리에게 자아감과 세계에 대한 감각을 재구성하도록 만들기 때문이다.

세 번째, 성숙한 영성은 우리가 신비에 마음을 터놓게 한다. 확실성이란 순진하고 겁먹거나 둔한 사람들의 사치다. 이는 편안함보다는 불확실성을 더 많이 안고 살아가야 한다는 것을 의미한다. 하지만 내가 아무리 불안하더라도 내 방식이 아니라 그들의 방식으로 삶과 죽음을 받아들일 수밖에 없다는 것을 깨닫게 된다.

네 번째, 성숙한 영성은 내가 성장할 것을 요구한다. 겁에 질린 아이의 모습, 즉 순응하는 태도로 우리는 대부분의 결정을 내린다. 어떠한 소심함을 우리가 인생에서 마주하게 될 것인지 알고 있으며, 우리가 결정한 바에 대해 어떠한 의문을 품게 될지도 우리는 알고 있다. 또한 우리의 상상 속에서 마법처럼 움직이는 소망을 아이 취급하고 있다는 사실도 잘 알고 있다.

적어도 성장한다는 것은 우리가 자신의 삶에 대한 완전한 책임을 받아들이는 것을 의미한다. 우리 모두는 여전히 마법 같은 다른 사람이 아닌, 우리의 요구를 충족시킬 책임이 있다. 마법 같은 타인은 우리를 위해 대신 나서서 고쳐주고 삶의 짐을 덜어주며 이것이 무엇을 의미하는지에 대해 모두 설명해준다. 또한 우리가 어떻게 해야 하는지 알려주며, 만약 우리가 진짜 행운아였다면 우리가 결국 성장할 필요도 없도록 우리를 돌봐줄 사람을 의미한다.

다섯 번째, 우리의 신념과 관행은 그것들이 우리에게 제공하는 그 어떤 자기중심적 혹은 유혹적인 확실성에 의해 측정되는 것이 아니다. 그보다는, 신념과 관행이 우리에게 신비에 마음을 터놓게 하든지, 아직 전개되지 않은 우리의 여정에 깊이 관여하는지에 의해 측정된다. 그리고 우리로 하여금 확실성 없이 성장할 것과 최선을 다해 실천할 수 있는 가치를 수행하며 일상을 살 것을 요구한다.

융은 1937년 예일대학교 테리 렉처the Dwight H. Terry Lectureship에서 세 가지 주제로 한 강의를 이렇게 끝맺었다. "그 누구도 궁극적인 것이 무엇인지 알 수 없습니다. 우리는 경험을 통해서 그것을 받아들여야 합니다. 만약 그와 같은 경험이 삶을 보다 건강하고 아름다우며 완벽하게 만들도록 도와주고 여러분 자신과 여러분이 사랑하는 사람들을 보다 만족시킬 수 있다면, 여러분은 '이것이 바로 신의 은총이다'라고 말할 수 있을 것입니다."

융의 이야기에 이렇게 덧붙이고 싶다.

"이러한 타인의 경험들은 때로 우리를 안심시키기도 하고, 우리를 놀라게 만들기도 한다. 하지만 그것들이 우리의 이야기를 재구성하도록 강요하거나 우리가 이해하는 바를 바꾸도록 하거나 새로운 것으로 우리를 좌절시킬 때마다 우리는 신비에 싸여 존재하고 있다."

이는 쉬운 일도 유쾌한 일도 아니지만 어린아이 취급과는 반대되는 일이며, 우리의 자기도취적 문제들을 인정하는 것과도 반대되는 일이다. 이는 우리가 영적으로 성장하거나 쇠퇴하고 있는, 아직 전개되지 않은 신비의 한가운데 우주와의 만남에서 일어나는 일이다.

우리는 이 여정의 신비를 그대로 받아들이거나 그것으로부터 도망칠 수 있다. 우리 안에 있는 무언가는 그 차이를 이미 알고 있으리라.

20장

내가 누군지 말해줄 수 있는
사람은 누구인가

20장

내가 누군지 말해줄 수 있는
사람은 누구인가

최근 경력이 꽤 오래된 심리치료사와 함께 심리치료 감독을 맡게 된 적이 있다. 그녀는 매우 신중하고 훌륭한 심리치료사였기에 이번 사례를 맡을 자격이 충분한 사람이었다.

이번 사례는 끔찍하게 일방적인 결혼생활을 하고 있던 어느 여성의 사례였다. 그녀의 남편은 나르시시스트였고, 심리치료사를 오로지 비판하면서 비웃기만 하는 남자였다. 물론 우리는 그 남편에 대한 엄청난 비밀을 이미 파악했다. 그는 자기검열 때문에 두려워하고 있었다. 나르시시스트로서 그는 이미 자신의 내면에 진정한 핵심 정체성이 존재하지 않는다고 생각하고 있었다. 이런 사람들은 지배나 통제, 조종, 수동적이며 공격적인 전략과 같은 것들에 의해 살아남을 수 있지만, 자신에게 존재하는 강력한 의식의 빛은 견뎌낼 수가 없는 이들이다.

그 여성에게는 결혼을 하고 싶었던 이유가 있었으나, 실제 결혼생활을 하는 동안에는 자신이 바라던 대로 살지 못했다. 그녀는 머지않아 끝나버릴 것 같은 결혼생활을 정당화하기 위해, 자신의 삐걱거리는 결혼생활에 대해 자기 친구들은 결혼한 뒤에 아기를 낳았기에 지금까지도 결혼생활을 유지할 수 있는 거라고, 혹은 자신은 지금 좋든 싫든 이혼을 하지 않기로 한 자기와의 약속을 지키고 있는 거라고 합리화하고 있었다.

아버지의 삶 또한 자신과 비슷했다는 사실도 그녀를 무기력하게 만들었다. 그럼에도 과거의 삶을 강인함으로 버텨내왔지만, 지금 이혼이라는 선택을 한다면 또다시 자신의 삶에서 포기를 경험하게 될 것을 의미하기 때문이었다.

우리는 이러지도 저러지도 못하고 있는 그녀의 상태에 대해 이야기하면서 그녀 외에도 수많은 내담자들이 그녀처럼 사실에 저항하고 있다는 점에 동의했다. 비록 그녀의 정신은 그녀에게 말을 걸어왔고, 이미 그녀의 결혼생활이 건전하지 않다는 판단을 내렸으며, 정신병리학을 통해 승인하지 않을 것임을 표명했다. 하지만 그녀는 선택의 심연으로 물러나 있기를 원하고 있었다.

우리가 지금껏 치료해왔던 환자들 또한 이와 유사한 상태에 빠져 있었다. 이와 같은 내적 분열이 생기는 이유 중 하나는 이 명백한 일을 책임지려는 엄청난 저항이 콤플렉스에 내재되어 있기 때문이다. 즉, 우리를 똑같은 과거로 계속해서 데려가는 개인사에 우리는 계속해서 저항하려고 한다.

매번 그 개인사를 마주할 때마다 '이것이 당신의 역사이며, 당신이 바로 당신 역사 그 자체다. 당신의 역사가 미래를 위한 당신의 지침이며, 당신의 운명에 얽힌 역사는 당신의 운명에 의한 결과다'라고 우리에게 속삭인다. 정신병리학이 없었다면, 즉 내면으로부터의 설명을 재연할 수 없었다면 우리는 이 어두침침한 결정론에 동의해야만 했을 것이다. 하지만 정신병리학, 다시 말해 '고통에 대한 영혼의 표현'은 우리가 이 세상에 적응하는 데 강력한 반박을 가능하게 한다.

운명에 의해 정해진 부모에게 자란 이 여성에게 내재된 메시지는 바로 이런 것이다. "당신은 무기력한 존재다. 당신의 행복은 주로 이 커다란 부모의 행성을 선회하고 그것을 수용하는 일에서 비롯될 것이다. 타인과 만나게 될 기대는 조금이라도 하지 마라. 당신에게 그럴 기회는 없을 것이다." 이 메시지는 진실을 따르기보다 적응하려고 했던, 묵인하는 어머니의 존재로 인해 더 강화되었다.

만약 또 다른 '큰 사람'인 부모가 이 균형 잡힌 관계를 만들어낼 수 없다면, 아이에게는 과연 어떤 희망이 있을까? 그 여성의 삶이 형성되는 동안 정신의 이마고와 더불어 매우 깊이 배어 있는 자신과 타인에 대한 패러다임이 매일같이 반복되었다.

이 사실로 미루어봤을 때 여성이 자신과 유사한 자기도취에 빠진 파트너를 찾게 되리라는 사실은 놀랍지 않다. 결국 무의식적인 조건의 힘과 자신의 인생 여정을 스스로 살아나가기 위한 승인을 받지 못했기에 그녀는 그런 선택을 했던 것이다.

이렇듯, 무기력한 인간의 모습은 자아와 세상, 자아와 타자의 초기 형성 모델의 과도한 영향을 받는다. 그리고 살아가면서 이런 모습은 몇 번이고 계속해서 나타나며, 우리 내면의 패러다임을 형성한다.

비록 거대한 종교가 영혼이라는 개념과 인간의 귀중함을 지지하며, 계몽된 국가들의 정부가 삶과 자유, 만족에 대한 추구를 승인한다고 해도, 허락에 대한 문제는 매우 중요한 것이다. 우리 대부분은 착하고 순응하며 나 자신을 내세우지 않는 존재로 길러졌다. 이러한 방식은 일정 부분 자기희생이나 자기비판, 자기회피의 형태로 해석되었다. 따라서 이는 자기도취적인 일이 아니라 의무다. 하지만 어린 시절 이를 알고 있던 사람은 아무도 없었을 것이다.

아이들을 위한 인생 여정을 인정하고 자신들이 몸소 본보기를 보여주는 매우 사려 깊고 자녀를 자유롭게 해주는 부모가 있지 않는 한, 허락이라는 것은 타인으로부터 받는 것이 아니다. 허락은 수많은 사회 구조에 의해 거부되어왔다. 성적 속박은 지난 수십 년간 여성들에 의해 이의를 제기 받아왔다. 남성의 경우에는 사회적 속박으로 인해 자신의 감정을 표현하는 일이 쉽지 않았다. 사실 남성들은 감정 표현에 대한 허락을 부정해왔다는 것을 깨달은 지도 얼마 되지 않았다. 내가 이런 이야기를 해주었던 남성은 한둘이 아니다. "당신은 호수만큼 많은 눈물과 산만큼 커다란 분노를 지니고 다니면서도 이 두 가지 모두를 차단해왔군요. 이제 와서야 왜 그렇게 당신의 상태가 좋지 않고, 인간관계도 엉망인지 궁금해하다니 안타까울 수밖에요."

성별에 관한 제한된 힘에 인종적 제약과 같은 지나치게 획일적인 병리학이나 사회경제적 구조가 더해져 우리는 스스로의 감정 안에서도 편안함을 느끼지 못하고 있다. 하지만 우리가 일찍이 배웠듯 감정을 밀어내게 되면 가혹한 반응을 얻거나 승인이나 지지를 받지 못한다는 위험을 감수해야 하는데, 이 두 가지 모두가 아이의 연약한 안정 상태를 저해한다.

따라서 우리는 적응하는 법을 배우고, 살아보지 않은 삶은 더 아래로 밀어 누르면서 억제하고, 현재의 삶에 적응해나가기 위해 노력한다. 아이는 결국 항복하고 그 이후 자기소외는 보다 더 깊어진다.

심리학적 실천이 가장 많이 행해지고 있는 서구 사회라는 피상적 세계에서 우리가 보이는 행동과 우리가 가진 사고 체계, 그리고 자명한 생물학적 과정을 통해 인간은 정의 내려진다. 그러나 이와 같은 인간에 대한 정의는 가장 중요한 사실을 배제시킨다. 즉, 우리 인간이 의미를 추구하며, 의미를 만들어내는 동물이자, 의미로부터 분리되면 상당한 고통을 느끼는 동물이라는 사실을 배제시키는 것이다. 증상이 더 많이 발생하고 중독이 늘어날수록 소시오패스들이 다른 원인보다 이 의미의 단절로 인해 고통받고 있음을 알 수 있다.

지난 몇 세기 동안, 특히 20세기에 우리에게 신비에 대한 신화적 연결고리는 서서히 약화되어왔고 세속적인 종교나 여러 가지 방해물들로 대체되어왔다. 역사상 그 어느 때보다 사람들이 많은 자유를 얻게 됨에 따라 결과적으로 더 많은 영혼들이 표류하고 있으며, 인간의 병리적인 부분 또한 더 늘어났다. 융이 어느 편지에서 언급한 것처럼 우리는 중세 성당의 지붕에서 자아의 심연으로 추락했다.

융은 더 나아가 내면 세계와의 대화를 통해 인간에 관한 모든 것을 연구하는 학문인 현대의 심층심리학이 '반드시 만들어져야만 했다'라고 지적했다. 신화의 소멸로 인해 준비가 되지 않은 수많은 사람들이 어쩔 수 없이 그들의 기략에 기대도록 했기 때문이다. 모더니즘이 부상함에 따라 어떤 이들은 지켜지지 못한 오래된 가치나 관행들이 다시 제정되기를 바라고, 또 어떤 이들은 개인적인 책임을 포기하거나 24시간 내내 귀를 거스르는 불협화음의 방해공작에 빠져버린다.

신비함과 부족 간의 연관성이 없다는 사실에 직면해, 승인의 문제는 계속해서 위급한 문제로 대두되고 있다. 성장하고 싶다면 우리는 자기결정권의 초대에 응해야만 하며 내면의 목소리와 대화를 나눠야 하고 진정한 여정의 소환에 답해야만 한다. 이 모두는 세상에 맞춰나가야 한다는 지침과는 사뭇 대조적이다. 성장이란 내가 나 자신의 삶과 내가 한 선택, 그리고 그 결과에 책임을 진다는 것을 의미한다. "선의"라고 말하는 것으로는 충분치 않다.

이와 같은 선택들은 나로부터, 내가 고백한 가치들로부터, 내가 뽑은 정치인들로부터, 내가 단언한 모호한 선택들로부터 생겨난 것이다. 내 앞에 나타나서 그 모두에 대해 설명해줄 사람은 그 어디에도 없다. 내가 스스로 그 일에 대해 알아내야 하며, 시행착오나 때때로 겪는 고통을 통해 그 안에서 확인된 길이나 친구들, 가치들, 생활방식을 찾아야 한다.

그 누구도 어떤 일이 벌어지고 있는지 정말로 알지 못한다. 어렸을 때, 우리는 우리보다 몸집이 훨씬 큰 어른들은 무슨 일이 벌어지고 있는지 알고 있다고 생각했었다. 다시 한 번 생각해보라. 우리가 첫 번째 성인기에 접어들었을 때, 외부의 권위자가 무슨 일이 벌어지고 있는지 알고 있으리라 생각했고, 그들이 성직자이든 정치가이든 최대로 우리의 이익을 도모하리라 생각했다. 과연 그러했던가.

우리는 성장하면서 나 말고 다른 어느 누구도 무슨 일이 일어나고 있는지 알지 못한다는 사실을 받아들이기를 기대한다. 또한 외부의 권위자도 콤플렉스와 무의식적인 메커니즘에 적어도 우리들만큼 휘둘린다는 사실을 받아들일 것을 요구한다.

따라서 이제 우리는 그 문제에 대해 스스로 알아내야만 한다.

우리들 중 과연 몇 명이나 우리 자신이 되는 일을 허락받길 기다리고 있는 것일까? 이해하기 어려운 이 세상이란 곳에서 자신에게 의미 있는 여정을 살기 위해, 역사라는 커다란 모자이크의 작지만 중요한 일부분이 되기 위해, 역사에 자신의 업적에 대한 문장을 단 하나라도 추가하기 위해 우리는 허락을 받고자 하는 것일까? 과연 언제, 어디서 그 허락을 받을 수 있을까? 우리가 기다리고 있는 것은 과연 무엇일까? 새로운 성직자인가, 훌륭한 지도자인가, 칭찬받아 마땅한 부모상인가, 아니면 엘비스처럼 갑자기 자취를 감춘 사람일까?

여전히 역사의 탑에 모여 웅크리고 앉은 겁에 질린 아이의 모습을 하고 부모를 대신할 사람으로부터 지시를 기다리고 있으면서 스스로를 성인이라고 생각하고 있는 우리 자신을, 과연 얼마 동안 속일 수 있겠는가?

우리가 반드시 알아야 하는 것은 이미 우리의 내면은 알고 있는 사실이다. 때로 삶의 환경은 우리가 내면의 권위를 믿는 위험을 감수할 것을 요구한다. 심리치료사는 심리치료 과정 중 때로 권한을 부여하는 인물인 부모의 그림자를 구체화시킨다. 하지만 이 방법도 늘 효과가 있는 것은 아니다.

결국 우리는 우리가 이 세상에 태어나 그리 오래 머무르는 것이 아니며, 우리가 살아온 혹은 살지 못했던 삶에 대한 책임이 있다는 것을, 즉 기본적인 사항들을 이해하고 다시 되짚어봐야만 한다. 우리에게는 현생을 살면서 선택과 용기, 인내를 가져야 할 의무가 있다는 사실 또한 직시해야 한다. 이러한 사실을 인정함으로써 허락에 대한 필요성은 보다 더 명백해진다. 이는 우리가 숨을 쉬는 데 반드시 필요한 산소가 된다. 아니면 우리는 살아보지 못한 삶의 연기로 인해 질식사할 수도 있다.

"이것이 당신의 인생인가요, 아니면 다른 누군가의 인생인가요?

여러분은 당신의 인생에 책임을 지고 있습니까?" 일단 이런 질문을 받게 되면 누구나 그렇다고 얼버무리며 대답한다. 그렇다면, 과연 무엇이 문제일까? 우리가 이미 알고 있는 것을 알기 위해 다른 누군가의 허락이 필요한가? 초감 트룽파가 우리에게 말한 바대로, "우리가 자신의 지혜에 대해 두려워하고 우리의 삶을 적절히 살아갈 수 없을 거라며 두려워하기 때문에 종종 자기기만이 생겨난다. 우리는 각자 타고난 지혜를 인정하지 않는 대신 우리 바깥에 있는 터무니없는 것을 지혜라고 생각한다. 이러한 태도를 극복해야만 하는 것이다."

지금까지 언급한 바로는 많은 것들이 우리 사이에, 그리고 우리가 알고 있는 것 사이에 존재한다. 하지만 우리의 뼈와 살이 알고 있고, 우리의 꿈이 알고 있다. 그리고 때로 우리는 우리가 이미 알고 있는 것을 더 이상 알 수 없는 지점에 도달해야 한다.

그때는, 오직 우리의 용기와 결심만이 필요하다. 우리가 그런 모습으로 나타나게 되면 바로 우리 앞에 가능성 있는 삶이 열리게 된다.

21장

성찰하는 삶이란
무엇인가

21장

성찰하는 삶이란
무엇인가

소크라테스는 '성찰하는 삶'을 살 것을 권유했고, 성찰하지 않는 삶은 무가치하다고 덧붙였다. 성찰하는 삶이란 어떤 삶이며, 성찰하지 않는 삶은 왜 문제가 되는 것일까? 사람들과 어울리며 시간을 보내거나 텔레비전을 보거나 친구와 통화를 하거나 술에 취하거나 때로 세속적인 쾌락을 즐기는 일이 잘못된 일일까? 결국, 우리의 인생은 모두 똑같은 결말로 향하게 되는 것 아닌가? 특히나 세상은 늘 절망적인 곳이며 우리가 이 사실을 어떻게든 바꿔나갈 수 없는 노릇이기에, 살아 있는 동안에는 할 수 있는 한 즐거움을 추구하면서 살겠다는 생각에서 비롯된 태도가 아닐까?

인간은 고통은 피하며 쾌락을 추구하고자 애쓰는 동물이지만, 동시에 자아성찰 능력을 갖고 있다. 또한 대부분이 그러하듯 신경과민증에 걸린 사람과 우리 자신을 별개로 여긴다. 따라서 우리는 스스로 문제를 자각할 수 있고, 그 방향을 바꿔나갈 수 있다.

사실, 성찰하지 않는 삶은 인간이 무의식중에 자각하지 않은 상태로 자신의 삶을 사는 것뿐 아니라 다른 사람의 뜻대로 삶을 사는 형태도 포함된다. 그 이유는 무엇일까? 우리는 매 순간 선택을 하면서 사는데, 만약 그 선택들이 의식적으로 이루어진 것이 아니라면 그것들은 그 사람이 가진 콤플렉스나 과거의 낡은 판단, 그 순간 압력을 행사하고 있는 다른 존재에 의한 선택이기 때문이다. 어떤 쪽이든 자각하지 않는 삶은 내가 직접 만들어가는 삶이 아니라 다른 누군가의 삶을 본뜬 것이며, 결국 우리 자신의 삶이라 할 수 없다.

우리 인간은 의미의 단절을 경험하는 동물이다. 의식하지 못하는 사이에 회피하는 습관을 갖게 되고, 주변에서 들리는 목소리에 마음이 흔들린다. 가족으로부터 물려받았거나 종교적 혹은 문화적으로 주입된 사상이나 대중문화에 설득당해 내 생각이 아닌 것들에도 마치 노예처럼 복종한다. 다시 말해, 이러한 삶은 보이지 않는 힘에 의해 조종되는 다른 누군가의 삶이며, 내 영혼과의 약속과 어긋나는 삶이다. 또한 이렇게 사는 것은 우리가 이 짧은 생을 사는 동안에만 탐험해나갈 수 있는 삶의 신비를 경험할 기회를 놓쳐버리게 되는 일이다.

어린 시절에 우리는 다음과 같은 근본적인 질문을 던졌다. '나는 누구이며 당신은 누구인가? 우리는 왜 여기에 존재하는가? 우리는 무엇을 하고 있는가? 우리는 어디로 가고 있는가?' 이 질문들은 살면서 대부분 잊히고 있는 것들이다. 바쁜 현대인의 삶에서는 거의 찾아보기 어려울 정도로 점점 변두리로 밀려나버렸다. 하지만 이 질문들은 우리 모두의 무의식 속에서는 계속해서 이어져오고 있다.

우리는 무의식적으로 사람들과의 관계 속에서, 소설이나 텔레비전에서, 영화나 그 밖의 다른 매체를 통해 이 질문들을 계속해서 던져나가고 있다. 혹은, 각자가 다양한 형태로 바쁘게 살아가고 있고, 다양한 문화를 통해 관심이 분산됨으로써 이 질문들이 사라져가고 있는 것을 무감각하게 느끼고 있기도 하다.

인간은 욕망의 동물이며, 인간이 가장 갈구하는 것은 바로 의미다. 따라서 의미를 잃을 때 가장 큰 가장 고통을 겪는다. 우리 각자가 계속해서 내리는 자율적 판단은 심리정신적인 실체가 기능하는 결과다. 우리는 자아의 힘을 동원할 수 있고, 때로는 반드시 이를 동원해서 의도적으로 그것이 필요한 문제들을 해결해야만 한다. 또한 사회가 유지되기 위해서도 반드시 그 문제들을 해결할 필요가 있다. 그러나 영혼이 요구하는 바에 부합하지 않는 형태로 자아의 힘을 동원할 경우 불가피하게 탈진이나 지루함, 우울로 이어지며, 결국에는 이것이 삶을 무감각하게 만들어버린다.

　이러한 삶이 안타깝게도 우리가 인정하고 싶어 하는 것보다 더 일반적인 삶의 모습이다. 이러한 삶은 경고의 메시지를 받기 전까지는 늘 그래왔던 대로 지속된다.

　젊었을 때 우리는 세상이 어떻게 돌아가고 있는지 어른들은 알고 있다고 생각했다. 우리가 삶을 이해할 수 있도록 돕는 지식의 집합체가 존재하며, 그것이 우리가 어떤 존재인지 설명해줄 것이라 생각했다. 우리가 어떻게 살아야 하며, 어떻게 인생이 우리에게 적합한 것이 되는지 알려줄 것이라 생각했던 것이다.

　사실 우리는 그동안 우리가 들었던 대답들이 아니라, 우리가 던졌던 질문들을 통해 더욱 성장해왔던 것이었다. 세상은 이미 충분한 답을 갖고 있었다. 대답이 부족했던 것이 아니라 그 대답이 이제 더 이상 들어맞지 않게 된 것이다. 얼마 후, 누군가가 지금 너무나 명백한 것이 무엇인가에 대해 의심하기 시작했다. 작은 질문들에 대한 대답만 존재했던 것이다.

여러분의 인생에서 지금 이 순간 이해가 되는 것은 오로지 대답들이지만, 인생 여정의 후반기에는 그 대답들이 여러분에게 도움을 주지 못할 것이다. 오늘날 사실인 것처럼 보이는 것이 인생이나 우리 자신의 영혼이 그것들을 바라볼 수 있는 보다 큰 틀을 가져다주는 내일이 되면 더 이상 사실로 존재하지 않게 된다.

콤플렉스에 관한 문제들 가운데 하나는 그것에 상상력이 존재하지 않는다는 점이다. 즉, 콤플렉스는 오로지 형성 과정에 잠재되어 있는 이미지와 그 순간을 설명하기 위해 떠오른 우발적인 메시지만을 반복할 수 있다. 그러나 이러한 순간들은 우리의 자아감이나 세계관, 다른 사람들과의 관계를 재설정하는 또 다른 순간들이나 다른 경험들, 다른 이야기들을 넘어서는 것이다.

어제의 계획이나 방법, 기대들은 곧 오늘의 감옥이 된다. 셰익스피어가 이야기했듯, 우리가 살아보지 않은 곳보다 더 감옥 같은 곳은 없다. 훌륭한 영혼들은 부지런히 과거에 이해한 바를 새로운 삶의 지형에 계속해서 적용시키지만 증상은 강화된다. 새로운 지형이나 이 여정의 새로운 단계가 요구하는 바는 바로 아직 알려지지 않은 부분들이다. 따라서 우리는 때때로 그 사이에서 힘든 과도기를 겪게 된다.

심리치료 과정을 통해 실질적으로 얻을 수 있는 부분은 심리적인 보류의 장소를 만들어낼 수 있다는 점이다. 즉, 오래된 것이 해체되면서 발생하는 긴급한 사태나 급박한 상황을 보류시킬 수 있는 장을 만들어낼 수 있다. 진실한 믿음을 갖고 접근할 때, 일반적으로 이 과정이 효과를 발한다. 우리가 그것을 기다릴 수 있을 정도로 겸손한 상태가 될 때 영혼의 깊은 곳에서부터 나타나는 새로운 계획이 항상 존재하기 때문이다.

역사를 통틀어 우리가 존경하는 사람들은 대부분 역경이 있는 삶을 살았지만 삶의 새로운 목표가 나타날 때까지 기다렸고, 그 새로운 도전에 맞서 살아갈 용기를 찾아냈다는 공통점도 갖고 있다. 바로 그것이 우리가 그들을 존경하는 이유이자 우리의 삶에서 그들과 똑같이 행동할 것을 요구받는 이유다.

중요한 것은 주변 사람들의 이해나 지지에 상관없이 우리가 갖고 있는 최고의 빛을 발현시키면서 우리에게 정말 중요한 일들을 하며 이 삶을 살아가는 일이다.

내가 어렸을 때, 그리고 청년 시절을 겪어 오면서 나를 가장 괴롭혔던 것은 바로 애매모호함과 불확실성의 존재였다. 그런데 이제는 이 두 가지 모두가 편안하게 느껴진다. 보다 더 커다란 문제나 상황을 마주하게 되거나 자각하게 되었을 때, 오늘은 이해가 되는 일이 내일이 되면 불충분하게 느껴진다는 사실을 배웠기 때문이다.

또한 '확실성'이 존재하는 곳이라면 어디에든 단순함이나 무의식, 혹은 의심에 대한 방어가 존재한다는 사실을 알고 있다. 우리가 사는 이 땅에 감정적인 확실성이 존재하는 곳이 많다면, 의심은 이미 영혼 안에 검은 깃발을 꽂아놓았을 것이다. 그리고 자아는 마치 아이처럼 그로부터 달아나고 있을 것이다.

어린 시절, 간단한 질문들은 그 답 역시 간단했다. 커다란 질문들은 보다 더 큰 불확실성을 이끌어내기 때문에 우리 대부분은 문을 닫은 채 더 이상 질문을 하지 않고, 그럼으로써 성장을 멈추었다. 하지만 무의식 속에서는 '나는 누구일까?', '너는 누구일까?', '이게 다 무슨 일이지?', '우리는 어디에 묶여 있는 것이며, 어떻게 내 인생을 살아가야 하는 것일까?'라는 질문이 부유한다. 이러한 질문들이 표면으로 드러날 때, 우리에게 각각의 소환장을 가져다준다.

유일한 질문은 바로 이것이다.

그 약속을 지킬 것인가?

많은 이들, 아마도 상당수가 절대로 그 약속을 지키지 않을 것이며, 그것을 바깥으로 드러내 보이지 않을 것이다. 그래서 결국 자신의 인생을 조용한 절망으로 이끌고, 마비된 영혼에 시달릴 것이다.

그렇기 때문에 계속해서 정신이 산만해지는 것에 유의해야 한다. 어떤 이들은 당위적으로 해야 하기 때문에 그 약속을 겉으로 드러내고 지켜나간다. 그 약속을 지키는 일은 대답 속에서가 아니라 영혼의 크기에 걸맞은 커다란 질문들 속에서 삶의 목적을 찾는 일이다.

그리고 바로 이것이 성찰하는 삶이 중요한 이유다.

마치며 ──────

　여러분이 이 책을 읽고 난 뒤 바로 덮어버리지 않고 하루에 한 챕터씩 한 차례 더 읽는다면 진정한 성장이 이루어질 수 있으리라 믿는다. 이 책의 21가지 질문은 그 자체만으로도 분명한 의미를 지니고 있다. 외부의 압력과 우리 모두가 갖고 있는 내재된 대본에 의해 계속해서 우리의 일상이 반복될 때, 의식을 확장해나가는 책임은 바로 우리에게 있다.

　이 책에서 제시하는 도전들은 여러분에게 큰 부담이 될 수도 있지만, 실제로 일상에 큰 도움이 될 것이다. 나는 독자 여러분들을 향한 진심 어린 호의와 믿음을 바탕으로 이 책을 집필했다. 따라서 나의 따뜻한 마음이 여러분에게 고스란히 전해지기 바란다. 이 도전들에 대해 생각해보고, 여러분 인생의 각기 다른 상황과 단계에서 그 도전들을 새롭게 만나보길 권한다.

　시간이 가면서 이 도전들은 아이디어의 형태에서 내재된 구조로 바뀌어나갈 것이다. 이 구조는 여러분이 매일 이 지구를 여행할 때

만나게 될 수천 가지 갈림길에서 각기 다른 선택을 하는 데 도움을 주게 될 것이다.

이 단계들에 대해 깊이 생각해보면서, 이것이 내 인생 여정에도 크게 도움이 된다는 사실을 알게 되었다. 나는 내담자들과 강연에 참석한 사람들과 이 방법을 공유해왔고, 지금은 인생 여정을 함께하고 있는 주변 사람들과 공유하고 있다.

이 여정에는 수많은 위험이 도사리고 있고, 결국 무덤에서 끝난다. 그렇다. 우리 모두는 우리 자신의 인생을 스스로, 스스로의 빛을 통해 만들어나가야 한다. 그러나, 간혹 보이지 않을 때도 있지만, 이 여정을 함께하고 있는 동료들이 수없이 많다. 이 세상은 여러분들처럼 사려 깊은 영혼들이 모여 있는 훌륭한 곳이기에 여러분은 외롭지 않다. 따로 또 같이, 우리의 삶은 소중하며 변화를 만들어낼 수 있다.